ରତୁସଂହାର

ଋତୁସଂହାର

ସଂସ୍କୃତ

ମହାକବି କାଳିଦାସ

ଅନୁବାଦ

ମନୋରଂଜନ ପଟ୍ଟନାୟକ

ବ୍ଲାକ୍ ଈଗଲ୍ ବୁକ୍ସ
ଭୁବନେଶ୍ୱର, ଓଡ଼ିଶା

BLACK EAGLE BOOKS
Dublin, USA

ଋତୁସଂହାର / ସଂସ୍କୃତ: ମହାକବି କାଳିଦାସ

ଅନୁବାଦ: ମନୋରଂଜନ ପଟ୍ଟନାୟକ

ବ୍ଲାକ୍ ଇଗଲ୍ ବୁକ୍ସ : ଭୁବନେଶ୍ୱର, ଓଡ଼ିଶା • ଡବଲିନ୍, ଯୁକ୍ତରାଷ୍ଟ୍ର ଆମେରିକା

BLACK EAGLE BOOKS

USA address:
7464 Wisdom Lane
Dublin, OH 43016

India address:
E/312, Trident Galaxy, Kalinga Nagar,
Bhubaneswar-751003, Odisha, India

E-mail: info@blackeaglebooks.org
Website: www.blackeaglebooks.org

First International Edition Published by
BLACK EAGLE BOOKS, 2024

RITUSAMHARA
by **MAHAKABI KALIDAS**
Odia Translated by **Manoranjan Pattanayak**

Odia Translation Copyright © **Manoranjan Pattanayak**

All rights reserved. No part of this publication may be reproduced, stored in a retrieval system, or transmitted, in any form or by any means, electronic, mechanical, photocopying, recording or otherwise without the prior permission of the publisher.

Cover & Interior Design: Ezy's Publication

ISBN- 978-1-64560-501-0 (Paperback)

Printed in the United States of America

ଉତ୍ସର୍ଗ

ଅଜା, ଆଈଙ୍କ ସ୍ମୃତିରେ ଉତ୍ସର୍ଗୀକୃତ

-ବାବୁନି

ଋତୁସଂହାର

ହେ କବୀନ୍ଦ୍ର କାଳିଦାସ, କଳ୍ପକୁଞ୍ଜ ବନେ
ନିଭୃତରେ ବସିଅଛ ପ୍ରେୟସୀର ସନେ
ଯୌବନର ଯୌବରାଜ୍ୟ ସିଂହାସନ ଠାଇଁ
ମରକତ ପାଦପୀଠ - ବହନର ପାଇଁ
ରହିଛି ସମସ୍ତ ଧରା, ସମସ୍ତ ଗଗନ
ସ୍ୱର୍ଣ୍ଣ ରାଜଛତ୍ର ଉର୍ଦ୍ଧ୍ୱେ କରିଛି ଧାରଣ
ଖାଲି ତୁମର ଉପରେ। ଛଅ ଦେବଦାସୀ
ଛଅ ଋତୁ କରୁଛନ୍ତି ନୃତ୍ୟ ତହିଁ ଆସି,
ନବ ନବ ପାତ୍ର ଭରି ଢାଳୁଛନ୍ତି ପରା
ନବ ନବ ବର୍ଣ୍ଣମୟୀ ମଦିରାର ଧାରା
ତୁମର ତ ତୃଷିତ ଯୌବନେ; ତ୍ରିଭୁବନ
ଗୋଟିଏ ଯେ ଅନ୍ତଃପୁର, ବାସର ଭବନ।
ନାହିଁ ଦୁଃଖ, ନାହିଁ ଦୈନ୍ୟ, ନାହିଁ ଜନପ୍ରାଣୀ-
ତୁମେ ଖାଲି ଅଛ ରାଜା, ଅଛି ତବ ରାଣୀ।

- ରବୀନ୍ଦ୍ରନାଥ ଟାଗୋର

ଭୂମିକା

ମହାକବି କାଳିଦାସ କୃତ 'ଋତୁସଂହାର' ସଂସ୍କୃତର ପ୍ରଥମ ସ୍ୱତନ୍ତ୍ର ଋତୁକାବ୍ୟ। ଏହା ଏକ ସ୍ୱତନ୍ତ୍ର ଋତୁକାବ୍ୟ। ଏହା ଏକ କ୍ଷୁଦ୍ରକାର ଆଦିରସାତ୍ମକ କାବ୍ୟ। ଏହାକୁ ଖଣ୍ଡକାବ୍ୟର ଅନ୍ତର୍ଭୁକ୍ତ କରାଯାଏ। କେହି କେହି ଏହାକୁ ଗୀତିକାବ୍ୟ ମଧ୍ୟ କହନ୍ତି।

'ଋତୁସଂହାର' ଶିରୋନାମଟିରେ ସଂହାରର ଅର୍ଥ ହତ୍ୟା ନୁହେଁ। ଏହାର ଅର୍ଥ ହେଉଛି ସମାବେଶ ବା ମାଳା। ତେଣୁ 'ଋତୁସଂହାର'କୁ 'ଋତୁ ସମାବେଶ' ବା 'ଋତୁମାଳା' ହିସାବରେ ବିଶ୍ଳେଷଣ କରାଯାଇପାରେ।

'ଋତୁସଂହାର' କାଳିଦାସଙ୍କ ପ୍ରଣୀତ ପ୍ରଥମ କାବ୍ୟ ରଚନା, ଯେଉଁଥିରେ ଭାରତୀୟ ଉପମହାଦେଶର ଛଅଟି ଋତୁର ବର୍ଣ୍ଣନା ରହିଛି। ଛଅ ଋତୁର ସୁନ୍ଦର ବର୍ଣ୍ଣନା କବି ଛଅ ସର୍ଗରେ ବା ଅଧ୍ୟାୟରେ କରିଛନ୍ତି। ପ୍ରଥମ ସର୍ଗଟି ଗ୍ରୀଷ୍ମଋତୁ ବିଷୟକ। ପରବର୍ତ୍ତୀ ସର୍ଗ ଗୁଡ଼ିକରେ ବର୍ଣ୍ଣିତ ହୋଇଛି ଯଥାକ୍ରମେ ବର୍ଷା, ଶରତ୍, ହେମନ୍ତ, ଶିଶିର (ଶୀତ) ଓ ବସନ୍ତ ଋତୁ। ବର୍ଣ୍ଣନା ଖୁବ୍ ମନୋହର ଓ ନୈସର୍ଗିକ ତଥା ସ୍ୱାଭାବିକତା ବେଶି ମାତ୍ରାରେ ପରିଦୃଷ୍ଟ ହୁଏ। ଏଗୁଡ଼ିକ ଦୁଇ ପ୍ରଣୟୀଯୁଗଳର ପରସ୍ପର ସଂବାଦ।

ପ୍ରତ୍ୟେକ ଋତୁର ସଂଦର୍ଭରେ କବି ନ କେବଳ ସମ୍ବନ୍ଧିତ କାଳଖଣ୍ଡର ପ୍ରାକୃତିକ ବୈଶିଷ୍ଟ୍ୟ, ବିବିଧ ଦୃଶ୍ୟସମୂହର ଚିତ୍ରଣ କରାରାଇଛି ତାହା ନୁହେଁ ଅଧିକନ୍ତୁ ପ୍ରକୃତି-ଜଗତରେ ହେଉଥିବା ପରିବର୍ତ୍ତନ ଓ ପ୍ରତିକ୍ରିୟାକୁ ଯୁବକ-ଯୁବତୀ ଓ ପ୍ରେମିକ-ପ୍ରେମିକାଙ୍କର ପ୍ରଣୟ ଜୀବନ ଉପରେ ପଡୁଥିବା ପ୍ରଭାବର ବି ରୋମାନୀ ଶୈଳୀରେ ନିରୂପଣ ଓ ଆକଳନ କରିଛନ୍ତି। ପ୍ରକୃତିର ପ୍ରାଙ୍ଗଣରେ ବିହାର କରୁଥିବା ବିଭିନ୍ନ ପଶୁ-ପକ୍ଷୀ ତଥା ନାନା ବିଧ ବୃକ୍ଷ, ଲତା ଓ ଜୀବ-ଜନ୍ତୁଙ୍କ ବିଷୟରେ ବି ଭୁଲି ନାହାନ୍ତି। ସିଏ ଭାରତର ପ୍ରାକୃତିକ ବୈଭବର ସହିତ ତା'ର ସ୍ୱଭାବ ଓ ପ୍ରବୃତ୍ତିର ପୂର୍ଣ୍ଣତଃ ପରିଚିତ

ଅଛନ୍ତି। ପ୍ରସ୍ତୁତ କାବ୍ୟଗ୍ରନ୍ଥଟିକୁ ପଢ଼ିଲେ ଭାରତର ବିଭିନ୍ନ ଋତୁଗୁଡ଼ିକର ସୌନ୍ଦର୍ଯ୍ୟ ସଂପୂର୍ଣ୍ଣ ରୂପରେ ଆମ ଚକ୍ଷୁ ସମ୍ମୁଖରେ ଉପସ୍ଥିତ ହୋଇଥାଏ।

କିନ୍ତୁ ମହାକବିଙ୍କର ଅନ୍ୟ କୃତି ପରି ଉଦାତ୍ତ ନ ହୋଇଥିବାରୁ ଏହା କାଳିଦାସଙ୍କ କୃତ କି ନୁହେଁ ସେ ବିଷୟରେ ସନ୍ଦେହ ପ୍ରକାଶ କରାଯାଏ। ଅଧିକାଂଶ ବିଦ୍ୱାନ ଏହି କୃତିର ଭାଷା ଏବଂ ସଂରଚନା ବିଷୟକ ଶୈଥଲ୍ୟକୁ ଦେଖିକରି, କାଳିଦାସଙ୍କର ପ୍ରଥମ କୃତି ବୋଲି ମାନୁଥିବା ପକ୍ଷଧର ରହିଛନ୍ତି, କିନ୍ତୁ ଏହାକୁ କୌଣସି ଭିନ୍ନ କାଳିଦାସଙ୍କ ରଚନା ବୋଲି କିଛି ଅଙ୍ଗୁଳିଗଣ୍ୟ ବିଦ୍ୱାନଗଣ ମନେ କରନ୍ତି। ଯେଉଁମାନେ ଏହାକୁ କାଳିଦାସଙ୍କ ରଚନା ନୁହେଁ ବୋଲି କହନ୍ତି, ସେମାନଙ୍କର ଯୁକ୍ତି ହେଲା–

୧. ସମସ୍ତ ଅଳଙ୍କାର ଶାସ୍ତ୍ରରେ କୌଣସି ଅଳଙ୍କାରର ଉଦାହରଣ ଦେଖାଇବା ପାଇଁ କୌଣସି ଆଳଙ୍କାରିକ 'ଋତୁସଂହାର'ରୁ କୌଣସି ଶ୍ଳୋକ ଉଦ୍ଧୃତ କରନ୍ତିନି।

୨. ମଲ୍ଲିନାଥ କାଳିଦାସଙ୍କର ଅନ୍ୟ ଗ୍ରନ୍ଥଗୁଡ଼ିକର ଟୀକା କରିଛନ୍ତି, କିନ୍ତୁ 'ଋତୁସଂହାର'ର ଟୀକା କରିନାହାନ୍ତି।

୩. ଏହାର ଭାଷା ଅତ୍ୟନ୍ତ ସହଜ ଏବଂ କାଳିଦାସଙ୍କର ଅନ୍ୟ ଗ୍ରନ୍ଥଗୁଡ଼ିକର ଭାଷା ପରି ନୁହେଁ।

୪. ବର୍ଷର ଆରମ୍ଭ ବସନ୍ତ ଋତୁରୁ ହୋଇଥାଏ, ଅଥଚ ଗ୍ରୀଷ୍ମରୁ 'ଋତୁସଂହାର'ର ଆରମ୍ଭ କରାଯାଇଛି।

ବତ୍ସ ଭଟ୍ଟ Mandasor ଲିପିରେ 'ଋତୁସଂହାର'ର ଦୁଇଟି ଶ୍ଳୋକର ଅନୁସରଣ କରିଛନ୍ତି ଏ କଥା ସତ ହେଲେ 'ଋତୁସଂହାର'ର ପ୍ରାଚୀନତ୍ୱର ପ୍ରମାଣ ମିଳିଯାଏ, କିନ୍ତୁ ଏହା କାଳିଦାସଙ୍କ ଦ୍ୱାରା ରଚନା କରାଯାଇଥିବା ପ୍ରମାଣିତ ହୁଏନି। କିନ୍ତୁ ପ୍ରୋ: ଏ.ବି.କୀଥ (Prof. A.B. Keith was a Scottish constitutional Lawyer, Scholar of Sanskrit and Indologist) ନିଜ ଲେଖାରେ 'ଋତୁସଂହାର'କୁ କାଳିଦାସଙ୍କର ପ୍ରାମାଣିକ ଏବଂ ପ୍ରଥମ ରଚନା ବୋଲି ସିଦ୍ଧ କରିଛନ୍ତି। ତାଙ୍କ ମତରେ କୌଣସି କବିଙ୍କର କୈଶୋର ବୟସର ଓ ପରିଣତ ବୟସର ରଚନା ମଧ୍ୟରେ ପାର୍ଥକ୍ୟ ରହିବା ସ୍ୱାଭାବିକ ଏବଂ ୟୁରୋପର ଶ୍ରେଷ୍ଠ କବିମାନଙ୍କର ରଚନାରେ ମଧ୍ୟ ଏହି ପାର୍ଥକ୍ୟ ପରିଲକ୍ଷିତ ହୁଏ। ମଲ୍ଲିନାଥ ଯେ ଏହାର ଟୀକା ରଚନା କରି ନାହାନ୍ତି ତାହାର କାରଣ ଏହା ଯେ 'ଋତୁସଂହାର'ର ଭାଷା ଏତେ ସହଜ ଓ ପ୍ରାଞ୍ଜଳ ଯେ ମଲ୍ଲିନାଥଙ୍କ ପରି ସୁପଣ୍ଡିତ ଟୀକାକାରଙ୍କ ଟୀକା ମୂଳଗ୍ରନ୍ଥରୁ ଅଧିକ ଦୁର୍ବୋଧ୍ୟ ହୋଇପାରେ। ମଲ୍ଲିନାଥ ଏହା ବୁଝିଥିଲେ ବୋଲି ଏହାର

ଟୀକା ପ୍ରଣୟନ କରି ନାହାନ୍ତି। ଗ୍ରୀଷ୍ମ ବର୍ଣ୍ଣନା ଦେଇ ଆରମ୍ଭ ହୋଇଥିବାରୁ ମଧ କୌଣସି ଅସଂଗତି ପ୍ରକାଶ ପାଏନି, କାରଣ କାଳିଦାସ କାବ୍ୟ ରଚନା କରିଥିଲେ, ପଞ୍ଜିକାର ଗତାନୁଗତିକତା ତାଙ୍କୁ ମାନିବାକୁ ହେବ ଏହିପରି ବୋଧ ବା ବାଧ୍ୟବାଧକତା ତାଙ୍କର ନଥିଲା। କୀଥ୍ ଦୃଢ଼ତାର ସହିତ କହନ୍ତି ଯେ 'ଋତୁସଂହାର'କୁ ଯଦି କାଳିଦାସଙ୍କର ରଚନାବଳୀରୁ ବାଦ ଦିଆଯାଏ ତେବେ ମହାକବି କାଳିଦାସଙ୍କର ଯଶ ଅନେକାଂଶରେ ମ୍ଳାନ ହୋଇଯିବ। ଏହାକୁ ଖାଲି ଷଡ଼ଋତୁର ବର୍ଣ୍ଣନା ମାତ୍ର ମନେ କଲେ ଭୁଲ ହେବ।

ସର୍ବ ପ୍ରଥମ ଏହି ଗ୍ରନ୍ଥର ମହାତ୍ତ୍ୱର ପ୍ରତିପାଦନ ଉଜ୍ଜୟିନୀ ନିବାସୀ ପଣ୍ଡିତ କାଶୀନାଥ ଶାସ୍ତ୍ରୀ ଅଡ଼ସୂଲେ ନିଜ ସଂସ୍କୃତ-ଟୀକା 'ହରସିଦ୍ଧି' ଦ୍ୱାରା କରିଛନ୍ତି। ଏହି ବିଶଦ ଓ ବିସ୍ତୃତ ବ୍ୟାଖ୍ୟାରେ ସିଏ ଗ୍ରନ୍ଥର ପଦ-ପଦର ସରସତା ପ୍ରତିପାଦିତ କରିଛନ୍ତି। ପୂର୍ବର ଟୀକାକାରମାନଙ୍କର ପ୍ରମାଦ ଉପରେ ଦୃଷ୍ଟି ନିକ୍ଷେପ କରିଛନ୍ତି ତଥା ନାନା ଶାସ୍ତ୍ରର ଅନେକ ଉଦାହରଣ ଦେଇ କରି ନିଜ ମତ ସପ୍ରମାଣ ପୁଷ୍ଟ କରିଛନ୍ତି। ଏହି ଗ୍ରନ୍ଥରେ 'ହରସିଦ୍ଧି' ଟୀକା ସହିତ ଅମରକୀର୍ତ୍ତୀ ସୂରିକୃତ 'ଋତୁସମୁଦାୟ' ଏବଂ ମଣିରାମ କୃତ 'ଚନ୍ଦ୍ରିକା' ଟୀକାକୁ ବି ସନ୍ନିବିଷ୍ଟ କରି ଦିଆଯାଇଛି ଯାହାଫଳରେ ଗ୍ରନ୍ଥର ମହତ୍ତ୍ୱ ଆହୁରି ଅଧିକ ବଢ଼ିଯାଇଛି।

ବର୍ତ୍ତମାନ ଆସିବା 'ଋତୁସଂହାର'ର ବିଷୟବସ୍ତୁର ବର୍ଣ୍ଣନାକୁ। ଗ୍ରୀଷ୍ମ, ବର୍ଷା ତଥା ଶରତର ବର୍ଣ୍ଣନା ପ୍ରସ୍ତୁତ କରୁଥିବା ପ୍ରଥମ ତିନି ସର୍ଗରେ ନୈସର୍ଗିକ ସୁଷମାର ଅନୁରୂପ ଅତିଶୟ ମନୋହର କଳ୍ପନା ସହିତ ନୟନାଭିରାମ ଚିତ୍ର ରହିଛି।

ହେମନ୍ତର ବର୍ଣ୍ଣନାରେ କବି ପ୍ରାକୃତିକ ଦୃଶ୍ୟର ନିରୂପଣ ଅଳ୍ପ ଆଉ ଭୋଗ-ବିଳାସର ବର୍ଣ୍ଣନା ଅଧିକ କରିଛନ୍ତି। ଏଠାରେ ସମ୍ଭୋଗ ଶୃଙ୍ଗାରର ଚିତ୍ରଣ ବେଶି ମାତ୍ରାରେ ରହିଛି, ପ୍ରକୃତିର ବର୍ଣ୍ଣନା କମ୍। ବସ୍ତୁତଃ ଅନ୍ତିମ ତିନି ସର୍ଗରେ କବି ଉଦ୍ଦୀପନ ସାମଗ୍ରୀର ସମ୍ଭାର ପ୍ରସ୍ତୁତ କରିଛନ୍ତି। ଏହା ମଧ୍ୟରୁ ଶେଷ ସର୍ଗଟି ସବୁଠାରୁ ବଡ଼। ଏହି ସର୍ଗରେ କାଳିଦାସ ଅପେକ୍ଷାକୃତ ଅଧିକ ସୁନ୍ଦର ଚିତ୍ରଣ କରିଛନ୍ତି। କିଛି ପଦ୍ୟରେ ତ ପ୍ରକୃତିର ବର୍ଣ୍ଣନା ରହିଛି, କିନ୍ତୁ ଅଧିକାଂଶ ପଦ୍ୟରେ ବାସ୍ତବିକ ବାତାବରଣରେ ପ୍ରଭାବିତ ମାନବ-ମନର ଚିତ୍ରଣ ଦୃଷ୍ଟିଗୋଚର ହୁଏ। ଏହିପରି ବସନ୍ତର ଚିତ୍ରଣ ପ୍ରାୟତଃ କାମୋଦ୍ଦୀପକ ରୂପରେ କରରାଇଛି।

'ଋତୁସଂହାର' କାଳିଦାସଙ୍କର ତରୁଣ କାଳର ରଚନା ହୋଇଥିବାରୁ, ସେଥିରେ ପ୍ରକୃତି, ପ୍ରେମ ଓ ସୌନ୍ଦର୍ଯ୍ୟ ସମ୍ବନ୍ଧୀୟ ତାଙ୍କର ଉଦୀୟମାନ ଦୃଷ୍ଟି ଓ ମନୋଭାବର ଉନ୍ମୀଳନ ଘଟିଛି। ଯେହେତୁ ଏହା ତାଙ୍କର ସାରସ୍ୱତ ଜୀବନର ଆଦ୍ୟ

ସୃଷ୍ଟି, ତେଣୁ ଏଥିରେ ତାଙ୍କର କାବ୍ୟ-ଭାବନା, ରସ-ସଂବେଦନା ଏବଂ ଅଭିବ୍ୟକ୍ତି-କଳା ବିକାଶର ପ୍ରଥମ ସୋପାନ ଉପରେ ନିଜ ପାଦ ରଖିବା ଦୃଷ୍ଟିଗୋଚର ହୁଏ।

ସଂସ୍କୃତ କାବ୍ୟର ପରମ୍ପରାରେ ପ୍ରକୃତି-ବର୍ଣ୍ଣନାର ପ୍ରବୃତ୍ତି ଆଦିକାବ୍ୟ ରାମାୟଣ କାଳରୁ ଚାଲିଆସିଛି। କାଳିଦାସ ମଧ୍ୟ ବାଲ୍ମୀକି ଓ ଅଶ୍ୱଘୋଷଙ୍କ ଦ୍ୱାରା ଅନୁପ୍ରାଣିତ ହୋଇଥିବାର ଜଣା ପଡ଼େ।

'ଋତୁସଂହାର'ର ସାବଲୀଳ ଭାଷା ଓ ଭାବ ଗୌରବ ଏହି କାବ୍ୟର ବିଶେଷତ୍ୱ ରୂପେ ସ୍ୱୀକୃତ। ସେହି ସରଳ ପଦାବଳୀର ଅନ୍ତରାଳରେ ଯେଉଁ ନିରୁପମ ଭାବ ଓ କାବ୍ୟିକ ନିପୁଣତା ନିହିତ ତା'ର ପଟାନ୍ତର ନାହିଁ। ପ୍ରତି ଋତୁରେ ପ୍ରକୃତିର ପରିବର୍ତ୍ତନକୁ ପର୍ଯ୍ୟବେକ୍ଷଣ କରି କବି ଏହି ଯେଉଁ ଉପାଦେୟ କାବ୍ୟଖଣ୍ଡି ରଚନା କରିଛନ୍ତି, ତାହା ତାଙ୍କୁ ଚିର ଅମର କରି ରଖିବ।

ସାର୍ ଉଇଲିୟମ୍ ଜୋନ୍ସ (Sir William Jones) କାଳିଦାସଙ୍କୁ ଭାରତର ସେକ୍ସପିୟର ବୋଲି ଆଖ୍ୟା ଦେଇଛନ୍ତି, ଯଦିଓ ଏହି କଥାଟି ପୂରାପୂରି ଯୁକ୍ତି ସଂଗତ ନୁହେଁ। କାରଣ ସେକ୍ସପିୟର କେବଳ ଜଣେ ପ୍ରତିଭାବାନ ନାଟ୍ୟକାର ଥିଲେ, ଅନ୍ୟ କୌଣସି କାବ୍ୟ ଗ୍ରନ୍ଥରେ ତାଙ୍କର ପ୍ରତିଭାର ପରିଚୟ ମିଳେନି (ଅବଶ୍ୟ ସିଏ ୧୫୪ଟି ପ୍ରେମର ସନେଟ୍ସ ଲେଖିଥିଲେ)। ଅପର ପକ୍ଷରେ କାଳିଦାସଙ୍କର କାବ୍ୟ ପ୍ରତିଭା ମହାକାବ୍ୟ, ଖଣ୍ଡକାବ୍ୟ ଓ ନାଟକରେ ଥିଲା। ସିଏ ସେକ୍ସପିୟରଙ୍କ ପରି କେବଳ ନାଟ୍ୟ ପ୍ରତିଭାର ଅଧିକାରୀ ନଥିଲେ। ଅର୍ଥାତ୍ ସଂକ୍ଷେପରେ କହିବାକୁ ଗଲେ କୁହାଯାଏ ସେକ୍ସପିୟର କିବ ହେବା ଆଗରୁ ନାଟ୍ୟକାର। ଅପର ପକ୍ଷରେ କାଳିଦାସ ନାଟ୍ୟକାର ହେବା ଆଗରୁ ଥିଲେ କବି। ତୁଳନାତ୍ମକ ଆଲୋଚନା ସଙ୍ଗତ ବା ଅସଙ୍ଗତ ଯାହା ହେଉ ନା କାହିଁକି, କାଳିଦାସଙ୍କର ଏହି ଖ୍ୟାତିର ଫଳରେ ସମଗ୍ର ୟୁରୋପ ଭାରତୀୟ ସାହିତ୍ୟ ପ୍ରତି ଆଗ୍ରହାନ୍ୱିତ ହୋଇ ଉଠିଥିଲା।

ଓଡ଼ିଶାର ପ୍ରସିଦ୍ଧ କବି ଡକ୍ଟର ମାୟାଧର ମାନସିଂହ ସେକ୍ସପିୟରଙ୍କ ସହିତ କାଳିଦାସଙ୍କୁ ତୁଳନା କରି ଲେଖିଛନ୍ତି- "In west Kalidasa is generally known as only the author of the play, shakuntala. Few in the west might visualise, how he dominates Indian letters as Dante or Shakespeare does over Italian or English. Kalidasa tried his hand in all possible forms of literature known to his time- drama, epic, lyric, descriptive and narrative poetry, with isolated uniqueness in each.

Shakespeare is mainly a playwright. Kalidasa is both

poet and dramatist,- a greater poet, perhaps, than a playwright."

'ଋତୁସଂହାର'ର ପ୍ରଥମ ଇଂରେଜୀ ଅନୁବାଦ ସାର୍ ଉଇଲିୟମ ଜୋନ୍ସଙ୍କ ଦ୍ୱାରା କରାଯାଇ, ୧୭୯୨ ମସିହାରେ ପ୍ରକାଶିତ ହୋଇଥିଲା। ପରେ ଏହାର ଅନେକ ଇଂରେଜୀ ଅନୁବାଦ ହୋଇଛି। ଇଂରେଜ କବିମାନଙ୍କୁ ଛାଡ଼ି ଅନେକ ଭାରତୀୟ କବିମାନଙ୍କ ଦ୍ୱାରା ମଧ୍ୟ 'ଋତୁସଂହାର'ର ବହୁତ ଇଂରେଜୀ ଅନୁବାଦ ଅଛି। ଆର୍.ଏସ୍. ପଣ୍ଡିତଙ୍କ ଦ୍ୱାରା ଏହା ଇଂରେଜୀରେ ଅନୂଦିତ ହୋଇ ୧୯୪୭ ମସିହାରେ ପ୍ରକାଶ ପାଇଥିଲା। ନିକଟ ଅତୀତରେ ବିହାର ନିବାସୀ ଭାରତର ଆଇଏଫ୍ଏସ୍ ଅଫିସର ଓ କବି ଅଭୟ କେ (Abhaya K)ଙ୍କ ଦ୍ୱାରା The Six Seasons ନାମରେ 'ଋତୁସଂହାର'ର ଇଂରେଜୀ ଅନୁବାଦକୁ Bloomsbury India ପ୍ରକାଶ କରିଛନ୍ତି ୧୯୨୧ ମସିହାରେ।

ହୁଏତ 'ଋତୁସଂହାର'ର ଇଂରେଜୀ ଅନୁବାଦ ଭାରତର ଅନେକଗୁଡ଼ିଏ ପ୍ରାଦେଶିକ ଭାଷା ଅପେକ୍ଷା ଅଧିକ। ବଙ୍ଗଳା ଭାଷାରେ ମାତ୍ର ୨ଟି କିମ୍ବା ୩ଟି ଅନୁବାଦ ରହିଛି। କାବ୍ୟଗ୍ରନ୍ଥଟିରେ ଅଶ୍ଳୀଳତା ଥିବା ଦର୍ଶାଇ ବଙ୍ଗୀୟ କବିମାନେ 'ଋତୁସଂହାର'ର ଅନୁବାଦ କରିବାକୁ ବିଶେଷ ଆଗ୍ରହ ଦେଖାଇ ନାହାନ୍ତି। ହିନ୍ଦୀ ଓ ମରାଠୀରେ ବଙ୍ଗଳା ତୁଳନାରେ ବେଶି ଅନୁବାଦ ଅଛି।

ଓଡ଼ିଆ ଭାଷାରେ 'ଋତୁସଂହାର'ର ଅନୁବାଦ ପ୍ରସିଦ୍ଧ କବି କୃଷ୍ଣଚନ୍ଦ୍ର କର, ବିଶ୍ୱନାଥ କର (ଚୌଦ୍ୱାର ନିବାସୀ), ପଣ୍ଡିତ ବୃନ୍ଦାବନ ଚନ୍ଦ୍ର କର (ପି.ଏମ୍.ଏକାଡେମୀ, କଟକର ସଂସ୍କୃତ ଶିକ୍ଷକ), ଓଡ଼ିଆ ଓ କୋଶଳୀ ଭାଷାର ସ୍ୱନାମଧନ୍ୟ କବି ଡକ୍ଟର ହରେକୃଷ୍ଣ ମେହେର, ବାଉରିବନ୍ଧୁ ଲେଙ୍କା ଏବଂ ଅବସର ପ୍ରାପ୍ତ ଆଇ.ଏ.ଏସ୍. ଅଫିସର୍ ପ୍ରିୟଦର୍ଶୀ ଦାଶ କରିଛନ୍ତି।

ମୋର ଏହି ଅନୁବାଦଟିକୁ ମୁଁ ସବାଲୀଳ ଓ ସହଜବୋଧ୍ୟ କରିବା ପାଇଁ ଚେଷ୍ଟା କରିଛି। ଆଶା କରୁଛି ଓଡ଼ିଶାର ସୁଧୀ ପାଠକ-ପାଠିକାମାନଙ୍କୁ ଏହା ପସନ୍ଦ ଆସିବ।

ଅନୁବାଦକ

ପ୍ରଥମ ସର୍ଗ
ଗ୍ରୀଷ୍ମ

୧

ଦେଖ ସହଚରି !
ନିଦାଘେ କିପରି
            ଦିନକର ହୁଏ ପ୍ରଖର ଅତି
ହୁଏ ସୁଖକର
ସମୟ ସଂଧ୍ୟାର
            ହୃଦ ହରିନିଏ ଜୋଛନା ରାତି।
ଜଳ ଯା ସଞ୍ଚିତ
ହୁଏ ନିଃଶେଷ ତ
            ବହୁବାର ସ୍ନାନ କରିବା ଫଳେ
ଶାନ୍ତ ହୁଏ ମାର
ତା'ର ପୁଷ୍ପ ଶର
            ଶିଥିଳ ଯେ ସଖି ! ହୁଏ ଏବେଳେ।।

୨

ଉଦୟେ ଜହ୍ନର
ହଟେ ଅନ୍ଧକାର
　　　　　　ଆଲୋକମୟ ଯେ ଦିଶେ ଅବନୀ
ଦେଖ ବିଭାବରୀ
କେମିତି ସୁନ୍ଦରୀ
　　　　　　ମନ-ମୋହକ ତ ଏବେ ଚାନ୍ଦିନୀ।
ବିଚିତ୍ର - ସଲିଳ -
ଯନ୍ତ୍ରରେ ଶୀତଳ
　　　　　　ହେବା ଯୋଗୁ ଘଟେ ଦେହର ତାପ
ରତ୍ନ - ମଣି - ମାଳା
ଶୋଭୁଥାଏ ଗଳା
　　　　　　ସମସ୍ତ ଶରୀରେ ଚନ୍ଦନଲେପ।।

୩

ସୁବାସିତ ଘରେ
ବସି ନିଶୀଥରେ
      ମଦନ-ପୀଡ଼ିତ ପୁରୁଷମାନେ
ପ୍ରିୟାର ଅଧର
ସୁଧାରସ ଧାର
      ସେବନ କରନ୍ତି ହରଷ ମନେ।
ବୀଣାରୁ ନିସୃତ
କାମଭାବାପ୍ଲୁତ
      ପ୍ରେମ-ସୁଧାଗୀତ-ମାଧୁରୀ ଢାଳି
କାମୀ ପୁରୁଷର
ହରନ୍ତି ଅନ୍ତର
      ଷୋଡ଼ଶୀଏ ଏବେ ଦେଖ କି ଭଳି!।।

୪

ଥାଏ ଚନ୍ଦ୍ରହାର
କଟିରେ ତାହାର
ନିତମ୍ବେ ସାଜଇ ପରା ଦୂକୁଳ
ଚନ୍ଦନ-ଚର୍ଚ୍ଚିତ
ତା'ର ଦେହଟି ତ
କେଡ଼େ ଯେ ସୁନ୍ଦର ସ୍ତନଯୁଗଳ ।
ସୁଗନ୍ଧ-ମଦିର
କୁସୁମ-ସମ୍ଭାର
ସଜାଏ ତାହାର କେଶ-କାଳାପ
ଏ ପ୍ରକାରେ ମିତ
ପ୍ରଣୟୀଙ୍କର ତ
ଶାନ୍ତ ହୋଇଥାଏ ନିଦାଘ-ତାପ ।।

୪

ଲାକ୍ଷା ରସରେ ତ
ହୋଇ ସୁରଂଜିତ
ଚରଣଯୁଗଳ ଲାଲିମା ଭରା
ପାଦରେ ନୂପୁର
ଶୁଭେ ଧ୍ୱନି ତା'ର
ଅନୁସରି ହଂସଧ୍ୱନିକୁ ପରା !
ପ୍ରେମିକ କର୍ଣ୍ଣରେ
ପ୍ରବେଶ ତ କରେ
ଭାବେ ସ ଚାଲଇ ମରାଳୀଟିଏ
ହୋଇ କାମାବିଷ୍ଟ
ହୁଅଇ ଅତିଷ୍ଟ
ସେହି ନାଦେ ମନ ଉଚ୍ଛନ୍ନ ହୁଏ ।।

୬

ସିତ-ଚନ୍ଦନେ ତ
ଲେପନରେ ଶିକ୍ତ
ନାରୀ କୁଚଯୁଗ କି ମନୋରମ !
ତୁଷାର - ଗଉର
ସେହି ପୟୋଧର
ଦିଶଇ ତ ଏବେ ତୁଷାର ସମ ।
ସ୍ୱର୍ଣ୍ଣ - ମେଖଳା ତ
ସାଜେ ନିତମ୍ବେ ତ
ନିରେଖିଲେ ମନ ହେବ ଚଞ୍ଚଳ
ଆଗେ ପ୍ରାଣ ପ୍ରିୟେ !
ସେହି ଦୃଶ୍ୟଚୟେ
ରସିକଙ୍କୁ କରିବ ଯେ ବିକଳ ।।

୭

ଗ୍ରୀଷ୍ମର ସମୟେ
ଶୁଣ ଆଗେ ପ୍ରିୟେ
ପୀନ-ସ୍ତନୀ ନାରୀମାନଙ୍କର ତ
ନିଦାଘ-ଦହନେ
ଅଙ୍ଗ-ସନ୍ଧି ସ୍ଥାନେ
ଭାସୁଥାଏ ସ୍ୱେଦ ଜଳ ନିରତ।
କରନ୍ତି ବର୍ଜନ
ଗୁରୁ ବସ୍ତ୍ରମାନ
ଝୀନ ବସ୍ତ୍ର ପରିଧାନ କରନ୍ତି
ପ୍ରଣୟ - ଆବେଗେ
ବହୁ ଅନୁରାଗେ
ଯୁବାଜନମନ ଆକର୍ଷୁଥାନ୍ତି।।

୮

ଆଜି ନିଦାଘରେ
ମଣିଷ ଦେହରେ
ଜାଗି ଉଠିଅଛି ପରା ମଦନ
ଚନ୍ଦନ ମିଶ୍ରିତ
ଜଳେ ଥାଏ ସିକ୍ତ
ସ୍ପର୍ଶ କରି ତାକୁ ଦେହ ପବନ ।
ସ୍ତନଯୁଗ ସ୍ଥଳେ
ରଖି ମୁକ୍ତାମାଳେ
କରିଥାନ୍ତି ବହୁ ଯତ୍ନେ ମଣ୍ଡନ
କରନ୍ତେ ପୁରୁଷ
ତାହାର ସ୍ପରଶ
ହୋଇଥାନ୍ତି କାମଭାବେ ମଗନ ।।

୯

ଶୁଭ୍ର ପ୍ରାସାଦରେ
ଘନ ନିଶୀଥରେ
କାମିନୀଗଣ ଓ ଥାନ୍ତି ନିଦ୍ରାରେ
ରୂପସୀ ଶରୀର
ଚାହିଁ ବାରମ୍ବାର
କାମୀଏ ସତତ ଥାନ୍ତି କାତରେ।
ବିହାୟସେ ରହି
ଚନ୍ଦ୍ର ଚାହିଁ ଚାହିଁ
ଦେଖେ ରୂପଶୋଭା ରୂପସୀଙ୍କର
କାଟେ ବିଭାବରୀ
ହୃଷ୍ଟତାରେ ଭରି
ହେଲେ ପ୍ରାତକାଳ ହୁଏ ପାଣ୍ଡୁର;
ଲଜ୍ଜା ବଶେ ସେତେବେଳେ
ଲୁଚେ ଆକାଶର କୋଳେ।।

୧୦

ପ୍ରବଳ ମଳୟ
କରେ ଯେ ଅଥୟ
ଧୂଳି - ଧୂସରିତ ନଭୋମଣ୍ଡଳ
ବିରହେ କାନ୍ତାର
ତନୁ ଜର ଜର
ପ୍ରବାସୀଜନେ ତ ଦୁଃଖୀ ସକଳ ।
ପ୍ରଚଣ୍ଡ ସୂର୍ଯ୍ୟର
ସ୍ପର୍ଶେ ଅନିବାର
ଧରା ହୋଇଥାଏ ତପ୍ତ ଯେ ଅତି
ଏସବୁ ଯାତନା
କରେ ଆନମନା
ବିରହ କରଇ ପାଗଳ - ମତି ।।

୧୧

ନିଷ୍ଠୁର ରବିର
ପ୍ରଚଣ୍ଡ ସେ କର
ତପ୍ତ କରେ ଧରା, ତୃଷାର ଫଳୁ
ହୁଅନ୍ତି ଆକୁଳ
ହରିଣଙ୍କ ଦଳ,
ଶୁଖିଯାଏ ତାଙ୍କ କୋମଳ ତାଲୁ।
ଅଛି ବନାନ୍ତରେ
ଜଳ ବା ସତରେ
ମନେ ଚିନ୍ତି ବୁଲୁ ଥାଆନ୍ତି ବନେ
ହୁଏ ମତିଭ୍ରମ
ଜଳାଶୟ ସମ
ଆକାଶକୁ ଦେଖି ଭାବନ୍ତି ମନେ।।

୧୨

ଗୋଧୂଳି ଗଗନେ
ଚନ୍ଦ୍ରମା ଯେସନେ
ସଂଧ୍ୟାର ତିମିର ଥାଏ ତ ନାଶି
ଦିଗ - ଦିଗନ୍ତରେ
ଆଲୋକୋଚ୍ଛ୍ୱାସରେ
ଦେଇଥାଏ ଆପଣାକୁ ପ୍ରକାଶି;
ସେପରି ରୂପସୀ
ହୋଇଥାନ୍ତି ଖୁସୀ
ଅଳଙ୍କାର ଦେହେ ମଣ୍ଡନ କରି
ସେହି ନାରୀମାନେ
ବଙ୍କିମ ଲୋଚନେ
ପୁରୁଷମାନଙ୍କୁ କହନ୍ତି ଠାରି ।
ପ୍ରବାସୀ ପୁରୁଷ ରହି ନ ପାରନ୍ତି
ବିଦ୍ଧ ହୋଇ ତାଙ୍କ ନୟନ ବାଣେ
ମଦନ ପକାଏ ପ୍ରଭାବ ତାହାର
ରାସକ୍ରୀଡ଼ା ଚିନ୍ତା ଜାଗଇ ମନେ ।।

୧୩

ସୂର୍ଯ୍ୟ କିରଣରେ
ଦଗ୍ଧ ହେଲା ପରେ
    ଫଣୀଏ ତେଜନ୍ତି ଆପଣା ବାସ
ତପତ ଧୂଳିର
ପରଶେ କାତର
    ଛାଡ଼ନ୍ତି ତ ଘନ ଘନ ନିଃଶ୍ୱାସ।
ଚାଲନ୍ତି ପଥରେ
ବଙ୍କିମ ଗତିରେ
    ଅଧୋମୁଖେ ଖୋଜି ଖୋଜି ଛାଇ ତ
ସେମାନେ ଆସନ୍ତି
ଆଶ୍ରୟ ନିଅନ୍ତି
    କେକୀ - ଡେଣା ତଳେ ନ ହୋଇ ଭୀତ ॥

୧୪

ପ୍ରବଳ ତୃଷାରେ
ସିଂହ ଯେ ସତରେ
ପରାକ୍ରମ କଥା ଯାଏ ତ ଭୁଲି
କେଶର ସ୍ଖଳିତ
ଜିହ୍ୱା ପ୍ରସାରିତ
ନୟନରୁ ଅଶ୍ରୁ ଝରଇ ଖାଲି ।
ସିଂହ ଯେ ସତତ ରହିଥାଏ ପରା ହୋଇଣ ଉଦ୍ୟମ ହୀନ
ନିକଟରେ ଘୂରି ବୁଲୁଥାଏ ଗଜ, ତଥାପି ସେ ଉଦାସୀନ ।
ଭକ୍ଷକୁ ତାହାର ତ୍ୟାଗ କରେ ମୃଗେଶ୍ୱର
ତାହା ପ୍ରତି ଏବେ ନଥାଏ ତ ଧ୍ୟାନ ତା'ର ।
ଶୁଣ ଆଲୋ ମୋର ପ୍ରାଣ-ସଖି ! ଏତେବେଳେ
ଘଟିଥାଏ ସବୁ ଏହି ଗ୍ରୀଷ୍ମ-ଋତୁ ଫଳେ ।।

୧୫

ଦୀପ୍ତ ତପନର
ଲଭି ଖର ଖର
ହସ୍ତୀଏ ହୁଅନ୍ତି ଅତି କାତର
ଗଳା ଶୁଖିଯାଏ
ତାଲୁ ଶୁଖିଯାଏ,
ଗଳାରୁ ଉଦ୍ଧୃତ ହୁଏ ସୀକର ।
ଖୋଜି ସରୋବରେ
ବୁଲନ୍ତି ବନରେ
ତୃଷା ମେଣ୍ଟାଇବା ଥାଏ ମନରେ
କେଶରୀ ସହିତ
ହୋଇଗଲେ ଭେଟ
ପଳାନ୍ତିନି ପ୍ରାଣ ନାଶ ଭୟରେ ।।

୧୬

ହୁତାଗ୍ନି ତ ଆଜ
ଭାସ୍କରର ତେଜ
ମୟୂର ସକଳ କ୍ଳାନ୍ତ ଯେ ଅତି
କଳାପର ତଳେ
ରହନ୍ତି ସେବେଳେ
ସରିସୃପଗଣ ନ ବହି ଭୀତି ।
ସ୍ୱଭାବ - ଶତ୍ରୁ ସେ
ସର୍ପେ ପାଇ ପାଶେ
କେକୀ ଆକ୍ରମଣ କରଇ ନାହିଁ
କ୍ଷୁଧାତୁର ହୋଇ
ଥିଲେ ବି ସେ ସହି !
ମାରି ପାରେନି ତ ମନରେ ଚାହିଁ ।।

୧୭

ରୁଦ୍ର ରବିକର
କରେ ବାରମ୍ବାର
ଦଗ୍ଧ ପରା ବରାହଙ୍କର ଦଳେ
ଦନ୍ତର ଖନନେ
ଥାନ୍ତି ନିମଗନେ
ଶୁଷ୍କ – ପଙ୍କେ ଭରା ସରସୀ ତଳେ ।
ଦେଖି ତ ଲାଗଇ
ତାପୁ ମୁକ୍ତି ପାଇଁ
ଚେଷ୍ଟା କରୁଛନ୍ତି ହୋଇ ବିକଳ
ପାତାଳର ଭୂଇଁ
ପ୍ରବେଶିବା ପାଇଁ
ତାଙ୍କ ଅଭିଳାଷ ଅତି ପ୍ରବଳ ।।

୧୮

ତୀକ୍ଷ୍ଣ ରବିକରେ
ତପ୍ତ ହୁଏ ଖରେ
ସବୁ ପୁଷ୍କରିଣୀ ବଡ଼ ବା ଛୋଟ
ପଙ୍କିଳ ଜଳୁ ତ
ଦିଅନ୍ତି ଝାଂପ ତ
ମଣ୍ଡୁକ ବିଚରା ହୋଇ ଉଚ୍ଚାଟ ।
ସମୀପ ବନରେ
ସର୍ପ ତୃଣପରେ
ଫଣାକୁ ଉଠାଇ ବସି ରହିଛି
ଏ ସମୟେ ଭେକ
ହୋଇ ନିଧଡ଼କ
ତପ୍ତ ଶରୀରକୁ ଥଣ୍ଡା କରୁଛି ।।

୧୯

ଆଗୋ ପ୍ରିୟେ ! ଶୁଣ
ଏବେ ହସ୍ତୀଗଣ
      ମଦମତ୍ତ ହୋଇ ଖେଳନ୍ତି ଜଳେ
ଆଗେ ଧାଉଁ ଥାଏ
ମାତଙ୍ଗ ଗୋଟିଏ
      ପଛୁ ଆକ୍ରମଣ କରନ୍ତି ଦଳେ।
ଦିଅନ୍ତି ଉପାଡ଼ି
ପଦ୍ମ ଫୁଲ ଗୁଡ଼ି
      କର୍ଦ୍ଦମାକ୍ତ ହୁଏ ସେ ସରୋବର
ପାଦେ ଚାପି ହୋଇ
ଶଫରୀ ମରଇ
      ପକ୍ଷୀ ଉଡ଼ିଯାନ୍ତି ବହୁତ ଦୂର ।।

୨୦

ଫଣୀ ଶିରୋଶୋଭୀ ମଣି
ହୁଏ ଉଦ୍‌ଭାସିତ ପୁଣି
ଲଭି ଖର କର ତପନଙ୍କର
ଫଣୀ ତ କରେ ଲେହନ
ପ୍ରବାହିତ ସମୀରଣ
ଲୋଳଜିହ୍ୱା ଦୁଇ କରି ବାହାର।
ବିଷାଗ୍ନିର ସମ ତପେ ଦିନ କରେ,
ତପ୍ତ ଲହୁ ବହେ ତାହାର ଶରୀର;
ତୃଷାରେ ଆକୁଳ ହୋଇଥାଏ ସେ ତ,
ଦିନକର ଏବେ ପ୍ରଚଣ୍ଡ ଅତି
ଫଣା ତଳେ ବସିଥାଏ ଯେ ମଣ୍ଡୁଳ
ଧରିବାକୁ ତାକୁ ବଳେନି ମତି।।

୨୧

ସଫେନ ଲାଳେ ତ
ବଦନ ଆବୃତ
ପିପାସା - କାତର ମହିଷୀଗଣ
ରକ୍ତାଭ ଜିହ୍ୱାକୁ
କାଢ଼ି ବାହାରକୁ
ଏଣେ ତେଣେ ବୁଲନ୍ତି ଅନୁକ୍ଷଣ ।
ଛାଡ଼ି ଗିରିଗୁହା
ଧରୁଛନ୍ତି ରାହା
ଛୁଟୁଅଛି ଦୀର୍ଘଶ୍ୱାସ ସଘନ
ଏ ନିଦାଘ କାଳ
ହୋଇଛି କରାଳ
ସଳିଳ ନିକଟେ ସଭିଙ୍କ ମନ ।।

୨୨

ଅରଣ୍ୟର କୋଳେ
ଦାବାନଳ ଜଳେ
　　　　ଶସ୍ୟ ଅଙ୍କୁରକୁ କରେ ଦହନ
ରୁକ୍ଷ ପ୍ରଭଞ୍ଜନ
ଶୁଷ୍କ ପତ୍ରମାନ-
　　　　ଝଡ଼ି ଉଡ଼ି ବୁଲେ ସମସ୍ତ ବନ ।
ପ୍ରଖର କିରଣ
ଉତ୍ତପ୍ତ ଭୀଷଣ
　　　　ଶୁଖିଯାଏ ସର୍ବ ସରୋବର ତ
ଉଚ୍ଚସ୍ଥାନୁ ଦେଖି
ସେ ଦୃଶ୍ୟ ପରଖି
　　　　ମାନବର ହୃଦ ହୁଏ ଆହତ ।
ବନ - ପ୍ରାନ୍ତରକୁ ଦେଖି କରି ଏବେ
　　　　ମନେ ଭରିଯାଏ ଅମାପ ଭୟ
ଚତୁର୍ଦ୍ଦିଗ ଆଜି ବିଭିଷିକା - ଭରା
　　　　ନିଦାଘ କଷଣ କରେ ଅଥୟ ।।

୨୩

ନିଦାଘ ଆତପେ
ନିଷ୍ପତ୍ର ପାଦପେ
ବସନ୍ତି ପକ୍ଷୀଏ ତାହାର ଡାଳେ
ଦୀର୍ଘଶ୍ୱାସ ନେଇ
ଉତ୍ତାପ କମାଇ
ଶୀତଳ କରନ୍ତି ଦେହ ସେବେଳେ ।
ଖୋଜି ଥଣ୍ଡା ସ୍ଥାନ
ବାନରଙ୍କ ଗଣ
ପଳାଇ ଯାଆନ୍ତି ଗିରି ଗହ୍ୱରେ
ଗବୟର ଦଳ
ଖୋଜି ଖୋଜି ଜଳ
ଘୂରି ବୁଲୁଥାନ୍ତି ଚତୁର୍ଦ୍ଦିଗରେ;
ଭରନ୍ତି ଉଦର ଶରଭଦଳ
କରି ନିଷ୍କାସନ କୂପରଜଳ ।।

୨୪

ପ୍ରଖର ବାୟୁରେ
ବ୍ୟାପଇ ବେଗରେ
ପ୍ରଫୁଲ୍ଲ - କୁସୁମ୍ଭ ସମ ଅନଳ
ସିନ୍ଦୂର କିରଣେ
ତରୁଲତା ଗଣେ
କରେ ଆଲିଙ୍ଗନ ହୋଇ ପ୍ରବଳ ।
ସେହି ବନଭୂଇଁ
ଥାଏ ଦଗ୍ଧ ହୋଇ
ସୌନ୍ଦର୍ଯ୍ୟ ତାହାର ହୁଅଇ ନଷ୍ଟ
ଲାଗଇ ଯେପରି
ଆଗେ ସହଚରି !
ପ୍ରକୃତି ତ ଏବେ ହୋଇଛି ରୁଷ୍ଟ ।।

୨୫

ଅନିଳେ ପ୍ରବଳ
ହୋଇ ଦାବାନଳ
ପ୍ରଜ୍ୱଳିତ ହୁଏ ଗିରି-ଗୁହାରେ
ଶୁଷ୍କ - ବାଂଶ ବନେ
ପ୍ରବେଶର କ୍ଷଣେ
ଗର୍ଜନ ତ କରେ ଉଚ୍ଚ ସ୍ୱରରେ ।
ନିମିଷକେ ସେ ତ
ତୃଣଭୂମିରେ ତ
ବଢ଼ଇ ଆଗକୁ ହୋଇ ଉଦ୍‌ବେଳ
ବନପ୍ରାନ୍ତରରେ
ବହ୍ନି ଯେ ସଞ୍ଚରେ
ହରିଣମାନଙ୍କୁ କରେ ବ୍ୟାକୁଳ ।।

୨୬

ପ୍ରକୋପ ବଢ଼େ ତ
ଶିମୂଳି ବନେ ତ
        ଦିଶେ ଚାରିଆଡ଼େ ଅନଳଶିଖା
ବୃକ୍ଷର କୋଟରେ
ଜଳେ ଅଗ୍ନି ଖରେ
        ସୁବର୍ଣ୍ଣ ପରି ତା ଦିଅଇ ଦେଖା ।
ବାୟୁ ବିକଂପିତ
ହୋଇ ଯେ ସତତ
        ବୃକ୍ଷୁ ଶୁଷ୍କପତ୍ର ଝଡ଼େ ଭୂଇଁରେ
ତାହାର ସଂଯୋଗେ
ଦାବାନଳ ଜାଗେ
        ତାଣ୍ଡବ ରଚଇ ବନଭୂଇଁରେ ।।

୨୭

କେଶରୀ ତ ଆଜି
ଶତ୍ରୁଭାବ ତେଜି
ଗଜ, ଗବୟଙ୍କ ସହିତ ମିଶେ
ଦାବାଗ୍ନିକୁ ଡରି
ମୃତ୍ୟୁ ଚିନ୍ତା କରି
ପଳାନ୍ତି ସେମାନେ ଏକତ୍ର ଶେଷେ ।
ପୁଳିନେ ସରବେ
ଯାଆନ୍ତି ନୀରବେ
ରହିଥାନ୍ତି ହୋଇ ଅତି ବିକଳ
ତପ୍ତ ଦେହକୁ ତ
ସେ ନଦୀ ପାଣି ତ
ଭାବନ୍ତି କରିବ ବେଗେ ଶୀତଳ ।।

୨୮

ସରସୀର କୋଳେ
ଶତଦଳ ଖେଳେ
ପାଟଳ ଫୁଲର ମହକ ଛୁଟେ
ଶୀତଳ ଜଳରେ
ସ୍ନାନ କଲା ପରେ
ଅଧରର କୋଣେ ହସ ଉକୁଟେ ।
ହର୍ମ୍ମ୍ୟ କକ୍ଷରେ ତ ଚାନ୍ଦିନୀ ରାତିଟି ଭଲ ଲାଗଇ
ସଂଗୀତ - ସୁଧାର ପାନ ଯୋଗୁ ମନେ ଖୁସୀ ଜାଗଇ ।
କଟି ଯିବ ପ୍ରିୟେ !
ଗ୍ରୀଷ୍ମ - ନିଶି ପରା
ତୁଙ୍ଗ ପ୍ରାସାଦେ
ରମ୍ୟା ନାରୀଙ୍କର
ଗହଣରେ ବେଳ
ଯିବ ପ୍ରମୋଦେ ।।

ଦ୍ୱିତୀୟ ସର୍ଗ
ବର୍ଷା

୧

ବର୍ଷା ତ ଆସଇ
ସଜ ବାଜ ହୋଇ
ସତେ ଅବା ସିଏ ରାଜାଧିରାଜ
ମେଘ ଅଟେ ତା'ର
ଗଜ ପଟୁଆର
ଚଞ୍ଚଳା ବିଜୁଳି ତାହାର ଧ୍ୱଜ ।
ସତେ ବଜ୍ର ଧ୍ୱନି
ମାଦଳ ଯେ ପୁଣି
କେଶଭୂଷା ଅଟେ ଶୁଭ୍ରତର ତ
କାମୀଜନ ପ୍ରିୟ
ବରଷା ସମୟ
ଜାଣିଥା ଲୋ ସଖି ! ହେଲା ଆଗତ ।।

୨

କାହିଁ ପଞ୍ଜୀଭୂତ
କଜ୍ଜଳ ଦଳିତ
　　　　　ସେ ଦୃଶ୍ୟ ଅଟଇ ଯେ ମୋନରମ
ସାରା ନଭକୁ ତ
ଢାଙ୍କିଛି ଜୀମୂତ
　　　　　ଦିଶେ ନୀଳ-ପଦ୍ମ ଦଳର ସମ।
ଅନ୍ୟ କେଉଁଠାରେ
ଦିଶଇ ସତରେ
　　　　　ତାହା ଗର୍ଭବତୀ କୁଚର ପରି
ପାଲଟଇ ଧରା
ଶୋଭାର ପସରା
　　　　　ଆସୁଅଛି ଏବେ ବର୍ଷା ସୁନ୍ଦରି !।।

୩

ତୃଷାରେ ଆକୁଳ
ଚାତକ ସକଳ
ଲୋଡୁଥାଆନ୍ତି ଯେ ଜଳ ନିରତ
ମନ୍ଦ ବେଗେ ସତେ
ବଳାହକ କେତେ
ଧରନ୍ତି ତ ଏବେ ଅମ୍ବର ପଥ।
ଶ୍ରୁତି ସୁଖକର
ବର୍ଷଣ ମୁଖର
ମନ୍ଦ୍ରଧ୍ୱନିକୁ ତ ଶୁଣାଇ କରି
ବର୍ଷାବାରି ଢାଳି
ମେଘ ଯାଏ ଚାଲି
ଦୋହଲାଇ ଦେଇ ଅଙ୍ଗ ତାହାରି।

୪

ମେଘ ଧରିଥାଏ
ଶକ୍ର ଚାପଟିଏ
        ଧନୁର୍ଗୁଣ ଅଟେ ବିଜୁଳି ସତେ
ଶବ୍ଦ ଅଶନିର
କଂପାଏ ଶରୀର
        ତୀବ୍ରତା ବଢ଼ଇ ଧରଣୀପାତେ।
ଢାଳୁଥାଏ ପରା
ତୀକ୍ଷ୍ଣ ବାରିଧାରା
        କରେ ଶରାଘାତ ଯେହ୍ନେ ବହୁତ
ବିରହ ବେଦନା
ସହି ତ ହୁଏନା
        ପ୍ରବାସୀର ମନ ହୁଏ ବ୍ୟଥିତ।।

୪

ତୃଣର ଅଙ୍କୁର
ଦିଶଇ ସୁନ୍ଦର
		ସତେ ନୀଳମଣି ମୁକ୍ତାର ସମ
ଫୁଟି ତା ସହିତେ
ଭୂଇଁ ଚଂପା କେତେ
		ରୂପ ନେଇ କରି କି ଅନୁପମ !
ଲାଲ ଟକ ଟକ
ସାଧବାଣୀ ପୋକ
		ବଢ଼ାନ୍ତି ତ ଏବେ ଧରଣୀରୂପ
ମନେ ହୁଏ ଯଥା
ରତ୍ନରେ ଭୂଷିତା
		ସୁନ୍ଦରୀ ଯୋଷାର ତାହା ସ୍ୱରୂପ ।।

୬

ଶୁଣ ଆଲୋ ରାଣି !
ବର୍ଷାକାଳେ ପୁଣି
ଶୁଣି କରି ମେଘ ଗର୍ଜନକୁ ତ
କେକା-କେକୀ ଦଳ
ହୋଇଣ ବିହ୍ୱଳ
ପୁଚ୍ଛ ଟେକି ନାଚେ ଥାଆନ୍ତି ରତ ।
ଆଉ କେତେବେଳେ
ଅତୀବ ଆକୁଳେ
ଆଲିଙ୍ଗନବଦ୍ଧ ହୁଅନ୍ତି ପରା
ପ୍ରିୟାକୁ ଚୁମ୍ବନ
ପ୍ରିୟ କରେ ଦାନ
ସେ ଦୃଶ୍ୟ ଅଟଇ ମନ-ପାସୋରା ।।

୭

ପଙ୍କିଳ ଜଳେ ତ
ପୂର୍ଣ୍ଣ ଯେ ସରିତ
ବ୍ଲାବି ଦୁଇକୂଳ ବହେ ପ୍ରବଳେ
ତଟସ୍ଥିତ ତରୁ
ଉତ୍ପାଟ ହେବାରୁ
ସ୍ରୋତର ପ୍ରବାହ ସହିତ ଚଳେ ।
ଲଜ୍ଜାହୀନା ନାରୀ
ଯାଏ ଯେଉଁ ପରି
ନୀତିବାକ୍ୟ ଭୁଲି ପ୍ରେମିକପାଶେ
ସେହି ପରି ନଦୀ
ବହେ ନିରବଧି
ମହୋଦଧି ସଙ୍ଗେ ମିଶିବା ଆଶେ ।।

୮

ବିନ୍ଧ୍ୟ ପର୍ବତରେ
ଶୋଭଇ ସତରେ
ନବ ପଲ୍ଲବିତ ତରୁ ନିକର
ମୃଗମୁଖେ କ୍ଷତ
ଭୂମିରୁ ଉଦ୍ଗତ
ଅତୀବ କୋମଳ ତୃଣ ଅଙ୍କୁର।
ବିଚିତ୍ର କୁସୁମ
ଅତି ମନୋରମ
ମନେ ହୁଏ ତାହା ରତ୍ନଭୂଷଣ
ଏପରି ସୁନ୍ଦର
ଦୃଶ୍ୟ ଯେ ବିନ୍ଧ୍ୟର
ଆକର୍ଷଣ କରେ ଦର୍ଶକ ମନ।।

୯

ଶୋଭଇ ଅଦୂରେ
ନଦୀ ସୈକତରେ
ଅତୀବ ସୁରମ୍ୟ ସେ ଉପବନ
ଭୀତ, ସଚକିତ
ମୃଗଙ୍କ ଦଳ ତ
କରୁଛନ୍ତି ତହିଁ ଯେ ବିଚରଣ।
ନୀଳପଦ୍ମ ପରି
ନୟନ ତାଙ୍କରି
ବଢ଼ାଏ ତ ଶୋଭା ତାଙ୍କ ମୁଖର
ନବ ତୃଣରାଶି
ଦେଖି କରି ଖୁସୀ,
ଭୋଜନ କରନ୍ତି ହୋଇ ଆତୁର।।

୧୦

କରି ଉଚ୍ଚ ଶବ୍ଦ
ଗରଜେ ଅମ୍ବୁଦ
ଘନୀଭୂତ ହୁଏ ଅମ୍ବର ଭରି
ଘନ କୃଷ୍ଣ ରାତେ
ଅନ୍ଧକାର ପଥେ
ଚଳେ ଅଭିସାରେ ପ୍ରେମିକାନାରୀ।
ଭଲ ପାଇବାର
ଆକର୍ଷଣ ତା'ର
ଟାଣିଥାଏ ତାକୁ ଅନବରତ
ମିଳନର ଆଶେ
ଯାଏ ପ୍ରିୟ ପାଶେ
ବାଟ ତ କଢ଼ାଏ ତାକୁ ତଡ଼ିତ ।।

୧୧

ସୁନ୍ଦରୀ ଯୁବତୀ
ହୋଇ ନିଦ୍ରାବତୀ
     ପତିଙ୍କ ନିକଟେ ଶଯ୍ୟାରେ ଥାଏ
ମେଘ ଗରଜଇ
ବିଜୁଳି ଖେଳଇ
     ଭୟଭୀତ ତା'ର ହୃଦୟ ହୁଏ ।
ତ୍ରସ୍ତ ହୁଏ ମନ
କରେ ଆଲିଙ୍ଗନ
     ଅନ୍ଧକାର ଭରା ଅର୍ଦ୍ଧ ରାତ୍ରିରେ
ଅପରାଧୀ ସ୍ୱାମୀ
ମୁଖକୁ ସେ ଚୁମି
     ଚାପିଧରେ ତାକୁ ଛାତି ଉପରେ ।।

୧୨

ବର୍ଷାର ସମୟେ
ଯାହାଙ୍କର ପ୍ରିୟେ
    ରହିଥାନ୍ତି ପରା ଦୂର ପ୍ରବାସେ
ତାଙ୍କ ଦିନରାତି
ଦୁଃଖେ ଯାଏ ବିତି
    ନୟନ-କୋଣେ ତ ସଲିଳ ଭାସେ।
ଝରି ଅଶ୍ରୁ ଧାରା
ଭିଜିଯାଏ ପରା
    ନବ ପଲ୍ଲବର ସମ ଅଧର
ତେଜି ଆଭୂଷଣ,
ପ୍ରସାଧନ ମାନ
    ଉଦାସେ କାଟନ୍ତି ବେଳ ତାଙ୍କର।।

୧୩

ନବ ବର୍ଷା ଜଳେ
ପାଣ୍ଡୁର ସଲିଳେ
            କୀଟ, ତୃଣ, ଧୂଳି, ହୋଇ ମିଶ୍ରିତ
ଭୁଜଙ୍ଗ ପରାଏ
ତୀର୍ଯ୍ୟକେ ତ ଧାଏଁ
            ନିମ୍ନ ଦିଗଆଡ଼େ ହୁଏ ବାହିତ ।
ଦେଖି ସେହି ଜଳ
ଭୟେ ଭେକ ଦଳ
            କୋଳାହଳମୟ କରନ୍ତି ଭୂଇଁ
ସୁଖ ବାସ ସ୍ଥାନ
ଖୋଜୁଥାଏ ମନ
            ତଳମୁଖୀ ହୋଇ ପଳାନ୍ତି ଧାଇଁ ।।

୧୪

କମଳିନୀ ବନ
ହୋଇଛି ଉଚ୍ଛନ୍ନ
    ତେଣୁ ତାକୁ ତେଜି ଭ୍ରମରଗଣ
ଗାଇ ସୁମଧୁରେ
ଚଳନ୍ତି ଅଧୀରେ
    ଖୋଜିବା ପାଇଁକି ନୂତନ ସ୍ଥାନ।
ନୃତ୍ୟରତା ଶିଖୀ
କଳାପକୁ ଦେଖି
    ଭାବନ୍ତି ତାହାକୁ ନୀଳ କମଳ
ତହିଁ ରୁଣ୍ଡ ହୋଇ
ଗୁଣୁ ଗୁଣୁ ଗାଇ
    ଘୂରି ବୁଲୁଥାନ୍ତି ଭ୍ରମର ଦଳ।।

୧୫

ସେ ଗୁରୁଗମ୍ଭୀର
ଗର୍ଜନ ମେଘର
      ଶୁଣି ହସ୍ତୀଦଳ ଅତି ବିଭୋର
ମୁହୁର୍ମୁହୁ ଧ୍ୱନି
କରୁଥାନ୍ତି ପୁଣି
      ଦିଶଇ କପୋଳେ ଆଭା ପଦ୍ମର।
ବର୍ଷାବାରିରେ ତ
ସତେ କିବା ଧୌତ
      ହସ୍ତୀମାନଙ୍କର ଗଣ୍ଡଦେଶ ତ
ଝର ଝର ହୋଇ
ତହୁଁ ଝରୁ ଥାଇ
      ମଦିରାର ବାରି ଅନବରତ।।

୧୬

ଶ୍ୱେତ ପଦ୍ମ କାନ୍ତି
ମେଘ ଧରିଥାନ୍ତି
                    ଚୁମ୍ବନ କରନ୍ତି ନଗ ଶିଖରେ
ଚତୁର୍ଦ୍ଦିଗେ ପରା
ନିର୍ଝରର ଧାରା
                    ଶିଖୀଦଳ ତହିଁ ରତ ନୃତ୍ୟରେ ।
କୋକା ରବରେ ତ
ବନ ମୁଖରିତ
                    ଜନ-ହୃଦୟରେ ଜାଗେ ପୁଲକ
କାମନା-ବୀଣାରେ
ନବୀନ ଝଂକାରେ
                    କୋଳହଳମୟ ପାର୍ବତ୍ୟଲୋକ ।।

୧୭

କଦମ୍ୱ, ଅର୍ଜୁନ,
ବୃକ୍ଷେ ପୂର୍ଣ୍ଣ ବନ
      ଶାଳ, କେତକୀର ଜାଗେ ରୋମାଞ୍ଚ
ତା ପୁଷ୍ପ ସୌରଭେ
ସୁବାସିତ ଏବେ
      ହୋଇଥାଏ ପରା ସେହି ମାଳଞ୍ଚ।
ଜଳକଣାରେ ତ
ପୂର୍ଣ୍ଣ ଯେ ଜୀମୂତ
      ତା'ସ୍ପର୍ଶେ ପବନ ଶୀତଳ ହୋଇ
ପ୍ରଖର ବେଗେ ତ
ହୋଇ ପ୍ରବାହିତ
      ଉନ୍ମାଦେ ଜଗାଏ ସେ ବନ ଭୂଇଁ।।

୧୮

କାମିନୀର ଘନ-
ଶ୍ରୋଣିକୁ ଚୁମ୍ବନ
      ଦିଏ ତ ସର୍ବଦା ତା' କେଶଦାମ
କର୍ଣ୍ଣେ, ମସ୍ତକରେ
ମଣ୍ଡଇ ସତରେ
      ଅଳଙ୍କାର ରୂପେ କେତେ କୁସୁମ !
ହାରେ ସମନ୍ବିତ
କୁଚଯୁଗଳ ତ
      କ୍ଷୀଣବାସ ଥାଏ ତା'ର ଶରୀରେ
ସୁରା-ସୁବାସିତ
ମୁଖମଣ୍ଡଳ ତ
      କାମୀ ପୁରୁଷଙ୍କୁ ଆକୁଳ କରେ ।।

୧୯

ଜଳପୂର୍ଣ୍ଣ ମେଘେ
ଦାମିନୀ ପ୍ରଭାବେ
ଝଲକି ଉଠଇ ସକଳ ସ୍ଥାନ
ସପ୍ତରଂଗେ ଭରା
ଇନ୍ଦ୍ରଧନୁ ପରା
ତା'ର କୃଷ୍ଣ ଦେହ ଜାଜ୍ଜ୍ୱଲ୍ୟମାନ।
ରତ୍ନର ମେଖଳା
ଶୋଭିତା ଯେ ବାଳା
ଝଲସୁଥାଏ ତ କୁଣ୍ଡଳ କାନେ
ଜଳଦ ସହିତ
ମଞ୍ଜୁଳା ବାମା ତ
ଜଗାନ୍ତି ବାସନା ପ୍ରବାସୀ ମନେ।।

୨୦

ଏହି ବର୍ଷାଦିନେ
ସୁନ୍ଦରୀ ଲଳନେ
            ଚେଷ୍ଟାରତା ଶୋଭା ବର୍ଦ୍ଧନ ପାଇଁ
ଯୁଇ, ମାଳତୀରେ
ବକୁଳ ଫୁଲରେ
            ମାଳାଗୁନ୍ଥି ଶିରେ ଲଗାନ୍ତି ନେଇ।
ଅର୍ଜୁନ ମଞ୍ଜରୀ
ଆଭୂଷଣ କରି
            କର୍ଣ୍ଣରେ କରନ୍ତି ପରା ଧାରଣ
ତାହାର ଯେ ଶୋଭା
ଅତି ମନୋଲୋଭା !
            ଦିଶନ୍ତି ମଞ୍ଜୁଳ କାମିନୀ ଗଣ।।

୨୧

ନବ ବର୍ଷା ଫଳେ
ବନାନ୍ତ ଯେ ହେ
            ତାପୁ ମୁକ୍ତି ପାଏ ତୀବ୍ର ବେଗରେ
କଦମ୍ବ ବୃକ୍ଷେ ତ
ନବ ପ୍ରସ୍ଫୁଟିତ
            ପୁଷ୍ପର ସମ୍ଭାର ଚିତ୍ତକୁ ହରେ ।
ବୃକ୍ଷ ଶାଖା ଯେତେ
ଦୋହଲଇ ବାତେ
            ସତେ କି ବନାନ୍ତ ନୃତ୍ୟରେ ରତ
କେତକୀ ଫୁଲରେ
କଣ୍ଟାରେ କଣ୍ଟାରେ
            ହସଟି ତାହାର ହୁଏ ପ୍ରକଟ ।।

୨୨

କୁବଳୟ ସମ
ଅତି ମନୋରମ
    ମେଘ ଅବନତ ଜଳ ଭାରରେ
ମୃଦୁଳ ପବନେ
କଂପଇ ସଘନେ
    ଭାସି ଭାସି ଚାଲିଯାଏ ତ ଧୀରେ।
ବିଜୁଳି ଯେ ରହେ
ଜଳଧର ଦେହେ
    ଇନ୍ଦ୍ରଧନୁ ଥାଏ ତାହା ସହିତ
ବିରହ - ବିଧୁରା
ସେହି ନାରୀ ପରା
    ଦେଖି ହୃଷ୍ଟ ହୁଏ ମନେ ମନେ ତ॥

୨୩

ଉନ୍ନତ, ବର୍ତ୍ତୁଳ
ତା’ କୁଚଯୁଗଳ-
ଅଗ୍ରଭାଗେ ନାରୀ ହାର ପିନ୍ଧଇ
ସୂକ୍ଷ୍ମ ଶ୍ୱେତ ବାସ
ପରିଧାନେ ତୋଷ
ତାହାର ନିତମ୍ବ ଶୋଭା ବଢ଼ଇ।
ନବ ବୃଷ୍ଟିରେ ତ
ତା’ଦେହ ଶୋଭା ତ
ଦିଶଇ ଯେ ଅତି ସୁନ୍ଦର ସତେ
ତ୍ରିବଳୀୟ ଯୁକ୍ତ
କଟି-ଦେଶରେ ତ
ରୋମାଞ୍ଚ ଜାଗଇ ସତରେ କେତେ!।।

୨୪

ଜଳକଣା ଯୁକ୍ତ
ଶୀତଳ ବାୟୁ ତ
     ଫୁଲଭରା ବୃକ୍ଷେ ଆଣେ ଉଲ୍ଲାସ
ରୂପସୀ ଲଳନା
ଏହି ବେଳେ ସିନା
     ଲଭିଥାଏ ପରା ପ୍ରୀତି - ସନ୍ତୋଷ।
କେତକୀ ଫୁଲର ପରାଗ ସ୍ପର୍ଶେ ତ
ସୁବାସିତ ହୋଇଥାଏ ଯେ ମରୁତ;
କିନ୍ତୁ ନାରୀ ଦେହ ଶୋଭା ନିକଟରେ
ପରାଭବ ଲଭେ ସକଳ ଶୋଭା ତ॥

୨୫

ଜଳଭାର ନେଇ
ଜଳଦ ଖସଇ
ଢାଳେ ବିନ୍ଧ୍ୟଗିରି ଶିରେ ତ ଜଳ
ନୀରପାତ ଫଳେ
ଭରିଯାଏ ହେଳେ
ଲୋକମାନଙ୍କର ଆଶ୍ରୟସ୍ଥଳ ।
ପ୍ରଖର ଗ୍ରୀଷ୍ମରେ
ତପ୍ତ ହେବା ପରେ
ବିନ୍ଧ୍ୟଗିରି ଏବେ ଆନନ୍ଦ - ମନ
ତା'ର ବ୍ୟଥାଭାର
କରିଥାଏ ଦୂର
ସୁଶୀତଳ ଜଳ କରି ପ୍ରଦାନ ।।

୨୬

ବହୁ ରମଣୀୟ
ରମଣୀଙ୍କ ପ୍ରିୟ
ତରୁଲତାଙ୍କର ସିଏ ବାନ୍ଧବ
ଜୀବଙ୍କର ହେତୁ
ଏହି ବର୍ଷା ଋତୁ
ଆଗମନ ପ୍ରିୟେ ! ହୁଏ ସମ୍ଭବ ।
ଏହି ବର୍ଷା କାଳ
ଦେଉ ଶୁଭ ଫଳ
ହେଉ ସେ ତୁମର ଚିତ୍ତହାରୀ ତ
କାମନା ପୂରଣ
ହେଉ ଅନୁକ୍ଷଣ
କଲ୍ୟାଣ - ବିଧାନ କରୁ ସତତ ।।

୨୭

ଏ ଦିନେ ପବନ
ସୀକର ସଂପନ୍ନ
    ହୋଇଛି ପ୍ରେୟସି ! ସେ ସୁଶୀତଳ
ପାଦପ ପୁଷ୍ପିତ
ବାତେ ଆନ୍ଦୋଳିତ
    ନୃତ୍ୟେ ରତ ଥାଇ ଦିଶେ ମଞ୍ଜୁଳ ।
କେତକୀ ପରାଗ
ସହିତ ସଂଯୋଗ
    ହୋଇକରି ଏବେ ବହେ ପବନ
ପରବାସୀ ଜନ
ରମଣୀଙ୍କ ମନ
    କରୁଛି ଲୋ ସଖି ! ଏବେ ହରଣ ।।

୨୮

ନାରୀ ଚିତ୍ତହାରୀ
ଏ ବରଷା ଗୋରି !
ଥାଏ ରମଣୀୟ ବହୁ ଗୁଣରେ
ଧରଣୀ ଭିତର
ତରୁ ଲତାଙ୍କର
ପ୍ରିୟ ବାନ୍ଧବ ସେ ଅଟେ ସତରେ ।
ସର୍ବ ଜନଗଣ
ପରାଣ ଯେସନ
ସଂସାରର ସିଏ ହିତକାରୀ ତ
ମନୋବାଞ୍ଛା କରେ
ପୂରଣ ସତରେ
ଏହି କଥା ମନେ ରଖିଥିବ ତ ।।

ତୃତୀୟ ସର୍ଗ
ଶରତ

୧

କାଶଫୁଲ ସମ
ବେଶ ମନୋରମ
ବିକଳ - କମଳ - ମୁଖ ଯା'ର ତ
ମତ୍ତ ମରାଳର କୂଜନ ପରି
ନୂପୁରର ସ୍ୱନ ଥାଏ ବାହାରି;
ପକ୍ୱ ଶାଳିଧାନ-
ପରି ଦୃଶ୍ୟମାନ
ଅତି କ୍ଷୀଣ ତା'ର ଦେହ ଲାତ ତ
ଶୁଣ ଆଲୋ ସହି
ଅପରୂପ ନେଇ
ଶରତ ଋତୁ ଯେ ଏବେ ଆଗତ ।।

୨

କାଶଫୁଲେ ଭରି
ଶକ୍ଳ ବର୍ଣ୍ଣ ପରି
ଧରଣୀ ଯେ ସଦା ଦିଶଇ ପରା
ଶ୍ୱେତ ବିଭାବରୀ
ଆଗୋ ସହଚରି !
ସ୍ପର୍ଶ କରେ ଯେଣୁ ଜୋଛନା ଧାରା ।
ନଦୀଜଳ ପରା ଦିଶଇ ଧବଳ କୋଳେ ପାଇକରି ମରାଳରାଜି
ମାଳତୀ କୁସୁମେ ଉପବନ ଶୋଭେ, ପାଣ୍ଡୁର ଦିଶଇ ସେ ସ୍ଥାନ ଆଜି ।
କୁମୁଦେ ପୂରିତ ଜଳାଶୟ ପରା
ସିତ ଦୀପ୍ତି କ୍ଷରୁଥାଏ ସତତ
ଶ୍ୱେତର ସମ୍ଭାର ମନକୁ ଲୋ ସଖି !
ଆନନ୍ଦରେ ଭରି ଦେଉଥାଏ ତ ॥

୩

ସୁନ୍ଦର, ଚଞ୍ଚଳ
ପୁଟି ମାଛ - ମାଳ
ପରାଏ ଦିଶଇ ମେଖଳା ଯା'ର
ପ୍ରାନ୍ତେ ଥିବା ଶ୍ୱେତ
ହଂସ - ମାଳା ବତ
ଦିଶୁଥାଏ ପରା ଯାହାର ହାର।
ତଟ - ପ୍ରାନ୍ତ ପରି
ବିଶାଳ ଲୋ ଗୋରି !
ବର୍ତ୍ତୁଳ ନିତମ୍ବ ଯେଉଁ ନାରୀର
ସେ ଅଳସ - କନ୍ୟା
ମନ୍ଥର - ଗମନା
ସେହି ପରି ଗତି ନଦୀ-ନଦର।।

୪

ଜଳ – ରିକ୍ତ ହୋଇ
ଜିମୂତ ଦିଶଇ
      ରଜତ– ଶଙ୍ଖ ବା ମୃଣାଳ – ଶ୍ୱେତ
ଖଣ୍ଡ ଖଣ୍ଡ ଭାସି
ବ୍ୟାପେ ଦିଶି ଦିଶି
      ଶୁଭ୍ର ମେଘମାଳା ଯେ ଅବିରତ ।
ବ୍ୟୋମ – ନୃପଙ୍କର
ଅବା ସେ ଚାମର !
      ଦିଶଇ ତ ଘନ ଏବେ ସେପରି
ବ୍ୟଗ୍ର ପ୍ରବଞ୍ଜନ
କରଇ ତାଡ଼ନ
      ତ୍ୱରିତ ଗତିରେ ତାକୁ ଲୋ ଗୋରି ! ॥

୫

କଜ୍ଜ୍ୱଳ ଦଳିତ
ହୋଇ ପୁଞ୍ଜୀଭୂତ
କରଇ ସମ୍ପୃଣ ନଭୋମଣ୍ଡଳ
ବନ୍ଧୁଲି କୁସୁମ
ଭଳି ମନୋରମ
ପକ୍ୱ ଶସ୍ୟେଦିଶେ ଧରଣୀତଳ ।
କୋମଳ - ବନେ ତ
ହୋଇ ଆଚ୍ଛାଦିତ
ପୁଲକିତ ହୁଏ ସର ଯେତକ
ଦେଖି ନେତ୍ର ପଥେ
ଏହି ଦୃଶ୍ୟ ଯେତେ
ହେବ ନାହିଁ ବ୍ୟଗ୍ର କେଉଁ ଯୁବକ ?

୬

ମଦିର ମନ୍ଥର
ବହଇ ସମୀର
　　　　କଂପେ ତରୁବର ଅଗ୍ରଶାଖା ତ
ପ୍ରଚୁର କୁସୁମ
ହୁଅଇ ଉଦ୍ଗମ
　　　　ତା ଫଳେ କ୍ଷରିତ ମଧୁ ବହୁତ ।
ମତ୍ତ ଅଳିକୁଳ
ହୁଅନ୍ତି ବିହ୍ୱଳ
　　　　ମଦ ପ୍ରସ୍ରବଣ ଦେଖି ସମ୍ମୁଖେ
ସେହି ଦୃଶ୍ୟେ ହେରି
କହ ସହଚରି !
　　　　ଫୁଟିବନି ହସ କାହାର ମୁଖେ ? ॥

୭

ତାରକା ରାଜିର
ଶୋହେ ଅଳଙ୍କାର
ମେଘ - ଆବରଣ - ଶୂନ୍ୟ ଅମ୍ବର
ପିନ୍ଧି ପରିମଳ
ଜ୍ୟୋସ୍ନାର ଦୂକୁଳ
ସୌନ୍ଦର୍ଯ୍ୟ ତ ବଢ଼ିଥାଏ ନିଶାର ।
ତାହାର ଅବଧି
ବଢ଼େ ନିରବଧି
ଲାଗଇ ବର୍ଦ୍ଧିଷ୍ଣୁ ଜଣେ କାମିନୀ
ସେହି ଦୃଶ୍ୟ ସତେ
ମୁଗ୍ଧକର କେତେ !
ପଟାନ୍ତର ତା'ର କାହିଁ ମିଳେନି ।।

୮

କ୍ଷୁବ୍ଧ ବୀଚିମାଳେ
ନାଚନ୍ତି ଏବେଳେ
ବ୍ୟଗ୍ର ଯେ ସତତ ହଂସ, ସାରସ
ହଂସ ନିଃସ୍ୱନ ତ
କରେ ମୁଖରିତ
ଏବେ ସେହି ବେଳାଭୂମି ପ୍ରଦେଶ।
କମଳ ରେଣୁରେ
ଆରକ୍ତ ସତରେ
ନଦୀଗୁଡ଼ିକର ଜଳ ଲୋ ସାଥି !
ଖଗରବ ଆଣେ
ଦର୍ଶକ ପରାଣେ
ସୁଖ ପ୍ରଦାୟିନୀ ଅପୂର୍ବ ପ୍ରୀତି ।।

୯

ନୟନର ସୁଖ ଜହ୍ନ ତ ବଢ଼ାଏ
ଜ୍ୟୋତ୍ସ୍ନା - ଧାରା ଏବେ ହୃଦ ହରିନିଏ।
ଶିଶିର - ଶୀକର ବର୍ଷଣର ଫଳେ
ବିରହିଣୀ କାନ୍ଦେ ଅତୀବ ବିକଳେ।
ପତି - ବିଚ୍ଛେଦରେ
ବିଷ-ଯୁକ୍ତ ଶରେ
ରମଣୀକୁଳ ଯେ କ୍ଷତ ବିକ୍ଷତ
ଆହତା ନାରୀର
ଦୁଃଖ ଗୁରୁତର
କଷ୍ଟସାଧ୍ୟ ହୁଏ ଏହି ବେଳ ତ।।

୧୦

ଶସ୍ୟଭାରେ ପରା
ନଇଁ ପଡ଼େ ସାରା
ଶାଳିଧାନ ଗଛ ବତାସାଘାତେ
ତରୁ ଅବନତ
ହୋଇ ଦୋହଲେ ତ
ପୁଷ୍ପର ସମ୍ଭାରେ ନାଚଇ ସତେ !
ଶୀତଳ ପବନ ପ୍ରବେଶ କରେ ତ
ପଦ୍ମଲତା ସବୁ କରେ ଦୋଳାୟିତ
ସେହି ଦୃଶ୍ୟ ଦେଖି ଏବେ ଯୁବାମନ
ହୁଅଇ ଚଞ୍ଚଳ, ହୁଅଇ ଉନ୍ମନ ।।

୧୧

ହଂସ - ମିଥୁନର
ଅପୂର୍ବ ବିହାର
ସରସୀରେ ତୋଳେ ଢେଉ ଅନେକ
ସଦ୍ୟ ପ୍ରସ୍ଫୁଟିତ
ପଦ୍ମ ଫୁଲରେ ତ
ସୁଶୋଭିତି ସରୋବର ଗୁଡ଼ିକ ।
ସରୋବର ଶୋଭା
ଅତି ମନୋଲୋଭା
ଆନନ୍ଦ ଆଣଇ ଜନ-ମାନସେ
ସମ୍ଭବ ହୁଅଇ
ଏବେ ଏହା ସହି !
ଶରତ ଋତୁର ଶୁଭ ପରଶେ ।।

୧୨

ମେଘ - ଗର୍ଭରେ ତ
ଇନ୍ଦ୍ର - ଆୟୁଧ ତ
ହେଉ ନାହିଁ ଆଉ ଦୃଷ୍ଟିଗୋଚର
ଆକାଶ - କେତନ
ଥିଲା ସେହି ଦିନ
ପଡ଼େନି ଦାମିନୀ ଏବେ ନଜର ।
ଉଡୁନାହାନ୍ତି ତ
ବଳାକା ନଭେ ତ
କଂପମାନ କରି ପକ୍ଷ ପବନେ
ଉର୍ଦ୍ଧ୍ୱମୁଖ ହୋଇ
କେକିକୁଳ ତହିଁ
ନିରେଖନ୍ତି ନାହିଁ ଏବେ ଗଗନେ ।।

୧୩

ନୃତ୍ୟ ତ୍ୟାଗ କଲେ
ମୟୂର ସକଳେ
ତେଣୁ ତାଙ୍କୁ ତେଜିଛନ୍ତି ମଦନ
ହଂସ ଗହଣରେ
ରହନ୍ତି ସତରେ
ଶୁଣନ୍ତି ହଂସର ମଧୁର ଗାନ ।
ତେଜିଛନ୍ତି ଦେବୀ ପୁଷ୍ପ-ଉଦ୍ଗମର
କଦମ୍ବ, ମଲ୍ଲିକା, ଅର୍ଜ୍ଜୁନ, ନୀପର ।
ପୁଷ୍ପବିହୀନ ତ ଏବେ ତରୁମାନ
ସପ୍ତପର୍ଣ୍ଣ ପାଏ ବିଶେଷ ଶୋଭନ ।।

୧୪

ଶେଫାଳୀ ରୂପର ଗୌରବରେ ଆଜି
ହସି ଉଠୁଅଛି ପରା ଉଦ୍ୟାନ
ପକ୍ଷୀମାନଙ୍କର କଳ ଧ୍ୱନିରେ ତ
ମୁଖରିତ ଏବେ ହୁଏ ସେ ସ୍ଥାନ।
ବନପ୍ରାନ୍ତେ ପୁଣି
ଥାଆନ୍ତି ହରିଣୀ
ନୀଳ ପଦ୍ମ ସମ ନୟନ ଯା'ର
ଉପବନ ଶୋଭା
ନିରେଖିଣ ଅବା
ବ୍ୟାକୁଳିତ ଚିତ୍ତ ପ୍ରେମିକଙ୍କର।।

୧୫

କମଳ, କୁମୁଦ କହ୍ଲାର କୁସୁମେ
ବାରମ୍ବାର ବାତ କଂପାଉ ଥାଏ
ତାଙ୍କର ସ୍ପର୍ଶରେ ଆସିଣ ବତାସ
ଆହୁରି ଅଧିକ ଶୀତଳ ହୁଏ ।
ପ୍ରଭାତ ବେଳର
ଶୀତଳ ସମୀର
ଥରାଏ ପତ୍ରାନ୍ତ-ଲଗ୍ନ ଶିଶିରେ
ପଶି ପୁରେ ପୁରେ
ସଭିଙ୍କ ମନରେ
ଉତ୍କଣ୍ଠାର ପରା ଉଦ୍ରେକ କରେ ।।

୧୬

ପରିପୁଷ୍ଟ ଶାଳିଧାନ ସମାବୃତ
ହୋଇଅଛି ଏବେ ପଲ୍ଲୀ ମୁଲକ
ସୁସ୍ଥ ଗୋରୁ-କୁଳ ଦେଖି ନୟନରେ
ମନେ ଜାଗିଉଠେ ଅତି ପୁଲକ।
ହଂସ, ସାରସର
ନିନାଦ ଟଂକାର
ମୁଖରିତ କରେ ଗ୍ରାମ ପ୍ରାନ୍ତର
ଜନ-ମନେ କେତେ
ଆଣଇ ଯେ ସତେ
ଶରତର ଏହି ଦୃଶ୍ୟ ସମ୍ଭାର !।।

୧୭

ଲଳନାର ଅଙ୍ଗଗତିକୁ ତ ଆଜି
ଚୋରାଇ ନେଇଛି ମରାଳକୁଳ
ତା ଚନ୍ଦ୍ରମୁଖର କାନ୍ତି ନେଇ କରି
ପ୍ରସ୍ଫୁଟିତ ହୋଇଅଛି କମଳ।
ସୁନୀଳ ନଳୀନ
କରିଛି ହରଣ
ମଦିରା-ମଧୁର ତା ଦୃଷ୍ଟିଭଙ୍ଗୀ
ଊର୍ମିମାଳା ଯେତେ
ଅନୁସରେ ସତେ
ତା'ର ମନଜିଣା ସେହି ଭ୍ରୂ-ଭଙ୍ଗୀ।।

୧୮

ମଣ୍ଡି ହୋଇକରି ଅଳଙ୍କାର ପରା
ବଢ଼ିଥାଏ ବହୁ ଶୋଭା ତାହାରି
ଅବନତ ହୁଏ ପୁଷ୍ପର ସମ୍ଭାରେ
ସେ ଯୋଷାର କୃଷ୍ଣକାୟ-ବଲ୍ଲରୀ ।
ହସ ସୁମଧୁର
ସେହି ଲଳନାର
ରଦନ ପଂକ୍ତି ତ ନିର୍ମଳ ଅତି
ତା ଦେହଲତାରେ
ହସଇ ସତରେ
କଙ୍କେଳି ସହିତ ମଧୁମାଳତୀ ।।

୧୯

ଘନନୀଳ-କେଶୀ ତା କୁଞ୍ଚିତ କେଶେ
ଖଞ୍ଜିଛି ମାଳତୀ କୁସୁମ ହାର
ମୋତି-ବିଖଣ୍ଡିତ ହେମ କୁଣ୍ଡଳରେ
ଶ୍ରୁତି - ମଣ୍ଡଳ ତା' ଦିଶେ ସୁନ୍ଦର।
ନୀଳ କୁବଳୟ ଅଛି ମଣ୍ଡି ହୋଇ
ଶୋଭାକୁ ତାହା ତ ଦେଇଛି ବଢ଼ାଇ।
ସାଜିଛି ନିଜକୁ କୁସୁମରାଜିରେ
ଦିଶଇ ତ ରମ୍ୟା ବନିତା ସତରେ।।

୨୦

ଚନ୍ଦନ-ଚର୍ଚ୍ଚିତ-ହାର ସେ ମଣ୍ଡଇ
ଅତି ହୃଷ୍ଟମନେ ସ୍ତନ ମଣ୍ଡଳେ
ନିତମ୍ବରେ ସାଜେ କାଞ୍ଚିଦାମ ସେ ତ
ପିନ୍ଧଇ ନୂପୁର ପଦ-କମଳେ।
ଚାଲନେ ପଦର
ବାଜଇ ନୂପୁର
କେତେ ରୁଣୁଝୁଣୁ ଶବ୍ଦେ ସତରେ
ସେହି ଶବ୍ଦ ଶୁଣି
ଅଟକିବେ ମୁନି
ଆନ କଥା ଆଉ କିଏ ପଚାରେ ?

୨୧

ଦେଖ ଦେଖ ଏବେ
ମେଘମୁକ୍ତ ନଭେ
ଦେଖି ପାରିବ ତ ତାରକା, ଶଶୀ
ଫୁଲ୍ଲ କୁମୁଦ ତ
ସର୍ବସ୍ଥାନେ ବ୍ୟାପ୍ତ
ରାଜହଂସ ଦଳେ ପୂର୍ଣ୍ଣ ସରସୀ ।
ମର୍କତ-ନିଳିମା ସଲିଳ - ବିଭବେ
ହସେ ପରା ତଡ଼ାଗର ଉରସ
ତଡ଼ାଗ କୂଳର ସୁଷମା ସକଳ
ଭରି ଦେଇଥାଏ ମନେ ହରଷ ।।

୨୨

କୁମୁଦକୁ ଛୁଇଁ   ଶୀତଳ ସମୀର
ସଞ୍ଚରଇ ଚଉଦିଗରେ ପରା
ମେଘ ଲୁଚିବାରୁ ଦିଗବଧୂ ଦିଶେ
ଅତୀବ ମଞ୍ଜୁଳା, ମନ-ପାସୋରା ।
ଜଳ ଦେହୁ ପୁଣି
କଳୁଷ ଗଲାଣି
ପଙ୍କ ଶୂନ୍ୟ ଏବେ ହେଲାଣି ମହୀ
ଆକାଶ ହସଇ
ଚନ୍ଦ୍ରକର ପାଇ
ଶରତ ଋତୁକୁ ଦେଖ ଲୋ ସହି !।।

୨୩

ପଦ୍ମ ଫୁଟି ଅଛି ପ୍ରଭାତ ବେଳାରେ
ସୂର୍ଯ୍ୟ କିରଣର ପରଶ ପାଇ
ସତେ ଅବା ସିଏ ସୁନ୍ଦରୀ ଯୋଷାର
ମୁଖକାନ୍ତି ଏବେ ନିଏ ଛଡ଼ାଇ ।
ଚନ୍ଦ୍ର ବୁଡ଼ିଗଲେ
କୁମୁଦ ସେବେଳେ
ଝାଉଁଳି ପଡ଼େ ତ ଦୁଃଖରେ ଅତି
କାନ୍ତା ମୁଖୁ ଆଜି
ହସ ଯାଏ ହଜି
ଚାଲିଗଲେ ପାଶୁ ତା ପ୍ରିୟ ପତି ।।

୨୪

ଦୂର ପଥଚାରୀ ପଥିକ ପୁରୁଷ
ଜ୍ଞାନ ଶୂନ୍ୟ ହୋଇ ବିଳାପ କରେ
ମନରେ ଚିନ୍ତଇ ପ୍ରିୟାର କଥା ତ
କଳା ଆଖି ତା'ର ଆସେ ନଜରେ ।
ଦେଖି ବନ୍ଧୁଲିରେ
ଭାଳଇ ଅଧୀରେ
ତାହା କିବା ତା'ର ପ୍ରିୟା ଅଧର !
ହଂସର କୂଜନ
ମେଖଳା ନିଃସ୍ୱନ
ପ୍ରିୟାର କନକ-କାଞ୍ଚିର ସ୍ୱର ।

୨୫

ଶୀତର ଋତୁ ତ ଯାଉଛି ପଳାଇ
ଢାଳି ଶଶୀ-ଚାରୁ-ଜୋଛନା ସଖି !
କାମିନୀକୁଳର ମୁଖମଣ୍ଡଳରେ
ଚନ୍ଦ୍ରମାର ଶୋଭା ଦେଉଛି ଲେଖି ।
ମରାଳର ଗତି
ନୂପୁର ସାଇତି
ବନ୍ଧୁଲି-ହସ ତା ଓଷ୍ଠରେ ଦେଇ
ଚାଲିଯାଉ ସେ ତ
ନିଜର ବାଟେ ତ
ସେ ଲାଗି ଶୋଚନା ନ କର ତୁହି ।।

୨୬

ପଦ୍ମଫୁଲ ସମ ମୁଖଟି ଯାହାର
ନୀଳ ପଦ୍ମ ପରି ଯା'ର ଲୋଚନ
ସଦ୍ୟ ପ୍ରସ୍ଫୁଟିତ କାଶଫୁଲ ଭଳି
ଶୁଭ୍ର ବାସ ପରା ଯା ପରିଧାନ।
କୁମୁଦର ପରି
ଦିବ୍ୟ-କାନ୍ତି ଧାରୀ
ପ୍ରମତ୍ତା କାମିନୀ ଦିଶେ ଯେପରି
ଏବେ ସେ ପ୍ରକାରେ
ଶରତ ଋତୁରେ
ତୁମ ହୃଦେ ହର୍ଷ ଯାଉ ସଞ୍ଚରି।।

ଚତୁର୍ଥ ସର୍ଗ
ହେମନ୍ତ

୧

ଚାହୁଁ ଚାହୁଁ ଦେଖ   ସମାଗତ ଏବେ
ହେମନ୍ତ ସମୟ ହେଲା ଗୋ ସହି !
ନବ ବଲ୍ଲବର ଆବିର୍ଭାବ ଫଳେ
ଶସ୍ୟଶ୍ୟାମଳା ତ ହୋଇଛି ମହୀ ।
ଫୁଟି ଲୋଧ୍ର ଫୁଲ
ଦିଶଇ ମଞ୍ଜୁଳ
ପକ୍ୱ ଶାଳିଧାନ କରେ ମୋହିତ
ମଉଳଇ ପରା
ପଦ୍ମଫୁଲ ସାରା
ହେବାରୁ ପ୍ରଚୁର ଶିଶିର ପାତ ।।

୨

ବିଳାସିନୀ ନାରୀ ପୀନ ପୟୋଧର
କୁଙ୍କୁମ ଲେପଇ ନାହିଁ ସରାଗେ
ସେହି ରମଣୀର କୁଚମଣ୍ଡଳ ତ
ଆରକ୍ତ ଦିଶେନି ଲୋହିତ ରାଗେ।
କରେନି ମଣ୍ଡନ
ଅଳଙ୍କାର ମାନ
ମଞ୍ଜୁଳ ଦିଶେନି ତା'ର ଶରୀର
କୁନ୍ଦେ ତୁଷାର
ସମ ଶୁଭ୍ରତର
ମୁଖଚନ୍ଦ୍ର ଏବେ ମ୍ଳାନ ତାହାର।।

୩

ବିଳାସିନୀ ବାଳା   ଭୁଜଲତିକାରେ
ଅଙ୍ଗଦ ବଳୟ ଏବେ ନ ସାଜେ
ନିତମ୍ବରେ ନାହିଁ ସୂକ୍ଷ୍ମ ପରିଧାନ
ଝୀନ ପତନି ତ ନାହିଁ ଉରଜେ।
କଟିଦେଶେ ତା'ର
ରହେନି ଏଥର
ସୁନ୍ଦର ନବୀନ ଦୁକୂଳ-ପାଟ
କାନ୍ଦୁଅଛି ପରା
ଆଭରଣ ସାରା
ଆଖି ଆଗେ ଦେଖି ଏହି ସଂକଟ।।

୪

ନିତମ୍ବ କରେନି
ଭୂଷିତ ରମଣୀ
ପିନ୍ଧି ରତ୍ନଖଞ୍ଜା ହେବ ମେଖଳା
ପାଦପ-ପଙ୍କଜେ
ସିଏ ତ ନ ସାଜେ
ଶ୍ରୀହୀନ ଯେ ତେଣୁ ଦିଶଇ ବାଳା ।
ପିନ୍ଧେ ନାହିଁ ଏବେ   ଚରଣ ଯୁଗଳେ
ହଂସଧ୍ୱନି ଅନୁକାରୀ ନୂପୁର
ସୌନ୍ଦର୍ଯ୍ୟର ପ୍ରତି   ନଥାଏ ତ ଚିନ୍ତା
ମନେ ସେ ଯୋଷାର ତିଳେ ମାତର ।।

୫

ସୁରତ-ଉତ୍ସବେ ରଖି କରି ଆଶା
ସୁନ୍ଦରୀ ଲଳନାଗଣ ଏଥର
କୃଷ୍ଣ ଚନ୍ଦନର ଲେପ ମାଖି ଦେହେ
ସଜାଉ ଥାଆନ୍ତି ସ୍ୱକଳେବର ।
ପତ୍ର ଲେଖାରେ ତ
କରିଣ ଚିତ୍ରିତ
କରନ୍ତି ମୁଖର ଶୋଭା ବର୍ଦ୍ଧନ
ଅଗୁରୁ ଧୂପରେ
କେଶ କଳାପରେ
ରମଣୀଏ କରିଥାନ୍ତି ମାର୍ଜନ ।।

୬

ରତି - ଶ୍ରମରେ ତ କ୍ଷୀଣ ହୋଇଅଛି
ତରୁଣୀମାନଙ୍କ ଶରୀର ଦେଖ
ବିଳୟ ଭଜିଛି ସବୁ ସୁନ୍ଦରତା
ପାଣ୍ଡୁର ବର୍ଣ୍ଣ ଯେ ଦିଶଇ ମୁଖ ।
ପ୍ରିୟ ଦନ୍ତାଘାତେ
ଅଧରର କ୍ଷତେ
ପ୍ରପୀଡ଼ିତା ହୋଇଥାଏ ସୁନ୍ଦରୀ
ଇଚ୍ଛାରେ ବିଫଳ
ଉଚ୍ଚ ହାସ୍ୟରୋଳ
କରି ପାରେନି ତ ଏବେ ଚାତୁରୀ ।।

୭

ଏକାଳେ ସୁନ୍ଦରୀବାଳା ମାନଙ୍କର
ଉତ୍ତରୀ ନଥାଏ ଉନ୍ନତ ସ୍ତନେ
ନଗ୍ନ କୁଚ ଦେଖି ଶୀତ ଯେ ତାହାଙ୍କୁ
ଜାବୁଡ଼ି ଧରଇ ଆତୁର ମନେ ।
ଶକ୍ତ ପୟୋଧର
ଚାପ ଫଳେ ତା'ର
ଶୀତ ପୀଡ଼ା ପାଇ ବ୍ୟଥିତ ହୁଏ
ପ୍ରଭାତ କାଳେ ତ
ତୃଣାଗ୍ର- ବିଚ୍ୟୁତ
ଶିଶିର - ପାତେ ସେ କାଲୁ ଯେ ଥାଏ ।।

୮

ହୋଇଛି ଉତ୍ପନ୍ନ
କେତେ ଶାଳିଧାନ
କ୍ଷେତମାନ ଏବେ ପୂର୍ଣ୍ଣ ହୋଇଛି
ହରଣୀଙ୍କ ଯୂଥ
ତହିଁ ଏକତ୍ରିତ
ସେହି ସ୍ଥାନ ମନ ମୋହି ନେଉଛି ।
ପ୍ରାନ୍ତର ଗୁଡ଼ିକ କ୍ରୌଞ୍ଚ - ମିଥୁନର
କୂଜନରେ ମୁଖରିତ ଲୋ ସହି !
ତା'ର ପ୍ରତିଧ୍ୱନି ଶୁଭେ ଚତୁର୍ଦ୍ଦିଗେ
ଆନ୍ଦୋଳିତ ହୋଇଉଠୁଛି ମହୀ ।।

୯

ପ୍ରଫୁଲ୍ଲ ସୁନୀଳ ଉତ୍ପଳେ ଶୋଭିତ
ହୋଇଅଛି ଏବେ ସବୁ ତଡ଼ାଗ
ପ୍ରମୋଦରେ କଳହଂସଗଣ ତହିଁ
ବିହରନ୍ତି ମନେ ଭରି ସରାଗ ।
ଦର୍ପଣର ପରି
ଜଳ ସ୍ୱଚ୍ଛ ଭାରି
ତୀର-ତରୁ-ମୁଖ ଝଳି ଉଠଇ
କରେ ଆନନ୍ଦିତ
ସଭିଙ୍କ ମନ ତ
ସୁଖଭରା ଦୃଶ୍ୟମାନ ଦେଖାଇ ।।

୧୦

ମୃଦୁଳ ବାତେ ତ
ପାଇଣ ଆଘାତ
    ପ୍ରିୟଙ୍ଗୁଲତିକା କଂପଇ ଘୋର
ପ୍ରିୟ-ବିରହିଣୀ
ଦେହ କ୍ଷୀଣ ପୁଣି
    ମୁଖ ବର୍ଣ୍ଣ ହୋଇଥାଏ ପାଣ୍ଡୁର ।
ପ୍ରିୟେ ଝୁରି ଝୁରି ହୁଏ ସେ କତରା
    ଅସ୍ଥିର ହୁଅଇ ତାହାର ହୃଦ
ପ୍ରିୟତମ ଆଗମନ ଅପେକ୍ଷାରେ
    ନଥାଏ ତ ଭୋକ, ଶୋଷ ବା ନିଦ ।।

୧୧

କୁସୁମ-ଆବାସ-ବାସେ ତ ତାହାର
ସୁବାସିତ ହୋଇଥାଏ ଯେ ମୁଖ
ଶ୍ୱାସ-ସୁରଭିତ-ବାତର ପରଶେ
ମନରେ ତାହାର ଜାଗଇ ସୁଖ।
ପ୍ରଣୟୀ ଯୁଗଳ ଦେହେ ଭିଜି ଦେହ
ମତ୍ତ ହୋଇ ରହିଥାନ୍ତି ଅହରହ;
କରିଥାନ୍ତି ଅତି ସୁଖେ ତ ଶୟନ
ମନ୍ମଥର ପରା ପୁଷ୍ପଶରାଘାତେ
କାମିନୀ, କାମୁକଙ୍କର ମିଳନ।।

୧୨

ନବ ଯଉବନା କାମିନୀଙ୍କର ତ
     ଦନ୍ତକ୍ଷତ ଚିହ୍ନ ଦିଶେ ଅଧରେ
ନଖକ୍ଷତ ଚିହ୍ନ କୁଚ ଯୁଗଳରେ
     ନିର୍ଦ୍ଦୟ ସମ୍ଭୋଗ ସୂଚନା କରେ।
ସୁରତ-କ୍ରୀଡ଼ାରେ
ଆନନ୍ଦ ମନରେ
     ବିତାଇଲା ବାଳା ସାରା ରଜନୀ
ଧୈର୍ଯ୍ୟ ହରାଇଲା
ପ୍ରେମେ ବାଇହେଲା
     ସେ କାମୀ ପୁରୁଷ ପାଇ କାମିନୀ।।

୧୩

ପ୍ରଭାତ-ତପନ କିରଣକୁ ପରା
ମଣିଥାଏ ଯୋଷା ସୁଖର ବେଳ
ମୁକୁରକୁ ଧରି ହସ୍ତରେ ତାହାର
ସଜାଇ ଥାଏ ତ ମୁଖ-କମଳ ।
ପ୍ରିୟ ଦନ୍ତକ୍ଷତ
ନିରେଖିବାକୁ ତ
ଅଧରକୁ ଟାରି ଧରଇ ବାଳା
ବସି ଏକାକିନୀ
ଚିନ୍ତଇ କାମିନୀ
ଥିଲା ତାହା ତା'ର ସୌଭାଗ୍ୟବେଳା ।।

୧୪

ଅନ୍ୟ କେହି ନାରୀ
କାଟେ ବିଭାବରୀ
  ସୁରତ-କ୍ରୀଡ଼ାରେ ମତ୍ତ ହୋଇ ତ
ଅଙ୍ଗରେ ତାହାରି
କ୍ଲାନ୍ତି ଥାଏ ଭରି
  ଉଜାଗର ଫଳେ ଚକ୍ଷୁ ଆରକ୍ତ।
ଶଯ୍ୟାପ୍ରାନ୍ତ ଦେଶେ   ଲୋଟିଯାଏ ପରା
ଆଲୁଳିତ ହୋଇଥାଏ ତା'କେଶ
ନିଦ୍ରାଯାଏ ସେହି-   ରମଣୀ ଯେ ଶେଷେ
ପାଇ ରବିକର ମୃଦୁ ପରଶ।

୧୫

ଅପର ରମଣୀ
କୁନ୍ତଳ ଯେ ପୁଣି
      ନୀଳ ବର୍ଣ୍ଣ ଦିଶେ ଜଳଦ ସମ
ଉନ୍ନତ ସ୍ତନର
ଯେତେ ଗୁରୁଭାର
      ସେହି ଯୋଷା ସହିବାକୁ ଅକ୍ଷମ ।
ରାତ୍ରିର ମାଳା ତ
କରେ ଦୂରୀଭୂତ
      ଅନ୍ୟ କେହି ଜଣେ ଦିବ୍ୟା ତରୁଣୀ
ଅତି ଯତ୍ନ କରି
ରଚଇ କବରୀ
      ହାତେ ଧରି କରି ଚାରୁ ଚିରୁଣୀ ।।

୧୬

ଉଲ୍ଲାସ ଲଭଇ ଅପର ରମଣୀ
ଦେଖି କରି ନିଜ ରୂପସମ୍ଭାରେ
କଞ୍ଚୁକ ପିନ୍ଧଇ ବକ୍ଷୋଜ ଉପରେ
ଆଣି ନିଜ ହସ୍ତେ ସେ ସମାଦରେ ।
ଉପଭୁକ୍ତା ଦେହ
ନିରେଖିବା ସହ
ଯୋଷା ସଜାଡ଼ଇ ଅଙ୍ଗଲତିକା
ଅଧର ଶୋଭା ତ
ବଢ଼ାଏ ବହୁତ
କୁଙ୍କୁମ ଲେପନ କରି କରିକା ।।

୧୭

ଅନ୍ୟ ରୂପବତୀ
ଏବେ କ୍ଲାନ୍ତା ଅତି
      ସମଗ୍ର ଯାମିନୀ ରତି-କ୍ରୀଡ଼ାରେ
ଅବସାଦେ ଭରା
ଅଙ୍ଗଲତା ପରା
      ରାତ୍ରି ଅବସାନ ହୋଇବା ପରେ।
ବିଶାଳ ଜଘନେ
ତା'ର ପୀନ ସ୍ତନେ
      ପୁଣି ଦେହେ ଜାଗେ ଶିହରଣ ତ
ସୁଗନ୍ଧ ପ୍ରଲେପ
ମାଖଇ ଅମାପ
      ଆପଣା ଶରୀରେ ସିଏ ସତତ।

୧୮

ହେମନ୍ତ ସମୟ
ମନୋହରମୟ
ବିବିଧ ଗୁଣରେ ହୋଇ ମଣ୍ଡିତ
କେତେ ଉପକାରୀ
ଜନ-ଚିତ୍ତହାରୀ
ଶ୍ୟାମଳା ଧରଣୀ କରେ ମୋହିତ ।
ଶାଳିଧାନେ ଭରା
ଏ ସମୟ ପରା
ଶୋଭିତ କରଇ ଗ୍ରାମ, ପ୍ରାନ୍ତର
ଗୁଣଧର ଏହି-
ଋତୁ ଆଗୋ ସହି !
କିଣିନିଏ ମନ ସମସ୍ତଙ୍କର ।।

ପଞ୍ଚମ ସର୍ଗ

ଶିଶିର

୧

ହେ ସୁନ୍ଦରି ! ଶୁଣ ଆସିଲା ତ ଏବେ
କମନୀୟ ଏହି ଋତୁ ଶିଶିର
ଶାଳିଧାନ, ଇକ୍ଷୁ ବଢ଼ାଇ ଦିଅନ୍ତି
ଆପଣାର ତନୁ କରି ସୁନ୍ଦର ।
ବନେ, ପ୍ରାନ୍ତରେ ତ
କୂଜନରେ ରତ
ରହିଥାନ୍ତି କ୍ରୌଞ୍ଚ-ମିଥୁନ ଦଳ
ଶିଶିର ସମୟେ
କାମଭାବ ପ୍ରିୟେ !
ହୋଇଥାଏ ପରା ଅତି ପ୍ରବଳ ।।

୨

ଅବରୁଦ୍ଧ ଗୃହେ ଘେନି ଉଷ୍ଣ-ବାସ
ରହି ଥାଆନ୍ତି ତ ଅଙ୍ଗନାମାନେ
ପୁରୁଷଙ୍କ ପାଶେ ଉପଭୋଗ୍ୟା ବୋଲି
ବିଚାର କରନ୍ତି ଆପଣାମନେ।
ସ୍ଥୁଳ ପରିଧାନ
କରଇ ପ୍ରଦାନ
ଶୀତ ପାଶୁ ମୁକ୍ତି ଏହି ବେଳେ ତ
ଉଜ୍ଜ୍ୱଳ ତପନ-
କର ହୁତାଶନ
ସେବିଲେ ଲାଗଇ ଭଲ ବହୁତ।।

୩

ଜ୍ୟୋସ୍ନାର ସମାନ
ଶୀତଳ ଚନ୍ଦନ
    ଭଲ ଲାଗେ ନାହିଁ ଏବେ ଲୋ ସହି !
ଶଶୀକରେ ଧୌତ
ସୌଧ ଶିଖର ତ
    ତଥାପି ମନକୁ ପାରେନି ମୋହି ।
ଘନ-ହିମ ଯୁତ
ହାଡ଼ଭଙ୍ଗା ଶୀତ
    ଆନନ୍ଦ ଦିଏନି କାହା ମନରେ
ଜନଗଣ ଚିତ୍ତେ
ଜାଗେ ନାହିଁ ସତେ
    ପୁଲକ ତ କେବେ ଏହି ଶିଶିରେ ।।

୪

ଏବେ ତ ଶର୍ବରୀ
ପାରେ ନାହିଁ କରି
କାହାକୁ ବି ଖୁସୀ ଏହି ଶିଶିରେ
ବହୁ ମାତ୍ରାରେ ତ
ହୋଇ ହିମପାତ
ପ୍ରଚଣ୍ଡ ଶୀତ ଯେ ଭରେ ନିଶାରେ ।
ଶଶାଙ୍କ କିରଣେ ହୋଇଥାଏ ରାତ୍ରି
ଆହୁରି ଅଧିକ ଶୀତଳତର
ସୁଖପ୍ରଦ କିଛି ଦୃଶ୍ୟ ତ ନଥାଏ
ଆକାଶେ ତାରାକା ଦିଶେ ପାଣ୍ଡୁର ।।

୫

ତାମ୍ବୁଲ ସେବନେ
ଏବେ ନାରୀମାନେ
ଓଷ୍ଠକୁ କରନ୍ତି ଲାଲିମାଭରା
ସୁରା ସୁଖପ୍ରଦ
କରଇ ଉନ୍ମାଦ
ରମଣୀଗଣଙ୍କୁ ଏବେଳେ ପରା ।
ଅଗୁରୁ ଧୂପରେ
ଶଯ୍ୟାର ଗୃହରେ
ରହନ୍ତି ନାରୀଏ ଖୁସୀ ମନରେ
କୁସୁମେ ଭୂଷିତା
ଥାଆନ୍ତି ଯୋଷିତା
ରମଣ ଉଦ୍ଦେଶ୍ୟ ଥାଏ ଅନ୍ତରେ ।।

୬

ଚାଟୁ ବାକ୍ୟ ଶୁଣି ପତିମାନଙ୍କର
ନିଧୁବନ ପ୍ରତି ଦେଖି ଆକର୍ଷଣ
ଭୁଲନ୍ତି ପ୍ରିୟଙ୍କ ଆଗମନେ ଦୋଷ
କରନ୍ତି ତାଙ୍କର ପାଶେ ସମର୍ପଣ ।
ଅନୁରକ୍ତ ପତି
ସମ୍ମାନ ଦିଅନ୍ତି
ଏହା ତ ଘଟଇ ଶିଶିର ଫଳେ
ଦୋଷୀ ସ୍ୱାମୀଙ୍କର
ଲାଗି ସମାଦର
ଜଣାନ୍ତି ସେମାନେ ସମ୍ଭୋଗ ବେଳେ ।।

୭

କାମାତୁରା ବାଳା   ଚଳନ୍ତି ଅଧୀରେ
        କଂପି ଉଠୁଥାଏ ତାଙ୍କର ଛାତି
ନିର୍ଦ୍ଦୟ ଭାବରେ   ରମଣ କରନ୍ତି
        ନବ ଯୌବନାଙ୍କ ସହିତ ପତି।
ଚରମ ପୁଲକେ
ସ୍ୱେଦସିକ୍ତ ବକ୍ଷେ
        ରହିଥାନ୍ତି ପରା ଯୁବତୀମାନେ
ଏବେ ନିଶାନ୍ତରେ
ପ୍ରଭାତ ସମୀରେ
        ଭ୍ରମଣ କରନ୍ତି ହରଷ ମନେ।।

୮

ସକଳ ସୁନ୍ଦରୀ
ଅତି ଦୃଢ଼ କରି
          କଞ୍ଚୁକୀରେ ବାନ୍ଧି ଅଛନ୍ତି ସ୍ତନ
କଟିଦେଶ ପରା
ସୂକ୍ଷ୍ମବାସେ ଘେରା
          ସେହି ଦୃଶ୍ୟ ସତେ କି ଶୋଭାବନ !
ଅନେକ ପୁଷ୍ପେ ତ
ଅଳକ ସଜ୍ଜିତ
          ବେଶଭୂଷା ତାଙ୍କ ଅତି ସୁନ୍ଦର
ନାନା ରୂପେ ସାଜି
ସେମାନେ ତ ଆଜି
          କରନ୍ତି ସ୍ୱାଗତ ଶୀତ ଋତୁର ।

୯

କୁଙ୍କୁମେ ଆରକ୍ତ
ପିଙ୍ଗଳ ସ୍ତନୀ ତ
ଉପଭୋଗ୍ୟା ତାକୁ ମଣଇ ପତି
ନୀବୀନ ଯୌବନା
ସ୍ୱାମୀ ବକ୍ଷେ ସିନା
ଥାପଇ ଉରୁ ସେ ଆନନ୍ଦେ ମାତି ।
ପୁଲକ ଆବେଶେ
ତା' ଦେହ ପରଶେ
ଶିହରଣ ଜାଗେ କାମୀ ଅଙ୍ଗରେ
କରି ପରାଭୂତ
ହାଡ଼ଭଙ୍ଗା ଶୀତ
ବିତାଏ ରାତ୍ରିକୁ ସିଏ ଅଧୀରେ ।।

୧୦

କାମୋଦ୍ରେକ କାରୀ
ମଦ୍ୟପାନ କରି
            ରମଣୀଗଣ ଯେ ଏ ଶୀତ ରାତେ
କାମୀଙ୍କ ବକ୍ଷରେ
ଢଳନ୍ତି ତ ଧୀରେ
            ମଦମତ୍ତା ହୋଇ ଅତି ଉଷତେ;
      ମଦ୍ୟେ ଭାସୁଥାଏ ନୀଳ-ଉତ୍ପଳ
      ଶୃଙ୍ଗାର ପାଇଁକି ଥାନ୍ତି ଚଞ୍ଚଳ
ସୁରଭି ତାଙ୍କର
ମନୋମୁଗ୍ଧକର
            ଭାସଇ ଲୋ ସହି ! ନିଃଶ୍ୱାସ-ବାତେ ।।

୧୧

ନିଶୀଥର ନିଶା   ଖସିଯାଏ ପ୍ରାତେ
କୁଚାଗ୍ର ତାଙ୍କର ଥାଏ କଠିନ
ସ୍ୱୀୟ କଳେବର   ଦେଖିଣ ଯୋଷାଏ
ସହାସ୍ୟେ ତେଜନ୍ତି କେଳି-ସଦନ।
ସୁରତ-ଶ୍ରମେ ତ
ଦେହ ଥାଏ ସୁସ୍ତ
ଚାଲନ୍ତି ସେମାନେ ଅତି ମନ୍ଥରେ
ପତି-ଭୋଗ୍ୟ ଚିହ୍ନେ
ଦେଖିଣ ନୟନେ
ସଲଜ୍ଜେ ଯାଆନ୍ତି ଅନ୍ୟ ଗୃହରେ।।

୧୨

ଆନ କେ ସୁନ୍ଦରୀ   ସକାଳ ବେଳାରେ
    ଶଯ୍ୟା ତ୍ୟାଗ କରେ ଆତୁରା ହୋଇ
ଆଲୁଳିତ ଥିବା   କୁନ୍ତଳକୁ ତା'ର
    ମୁଖ ମଣ୍ଡଳରୁ ଦିଏ ଆଡ଼େଇ ।
କ୍ଷୀଣ କଟିସ୍ଥଳ
ନିତମ୍ୱ ପୃଥୁଳ
    ସୁଗଭୀର ନାଭି ତାହାର ଦିଶେ
କେଶାଗ୍ର କୁଞ୍ଚିତ
ଧୂପେ ସୁବାସିତ
    ପୁଷ୍ପହାର ଖସେ ଭୂମି-ଉରସେ ।।

୧୩

ପ୍ରାତସ୍ନାନ ଫଳେ ଗୃହବଧୂମାନେ
ଦିଶନ୍ତି ତ ଲକ୍ଷ୍ମୀଙ୍କର ସମାନ
ସ୍ୱର୍ଣ୍ଣ-ପଦ୍ମ-କାନ୍ତି ଝଲସଇ ମୁଖେ
ଆରକ୍ତ ଥାଏ ଯେ ତାଙ୍କ ନୟନ ।
ଚାରୁ କେଶପାଶ
ଶୋଭେ ସ୍କନ୍ଧଦେଶ
ଦର୍ଶକର ମନ କରେ ବିଭୋର
ଥାନ୍ତି ହୃଷ୍ଟମନା
ସୁନ୍ଦରୀ ଲଳନା
ଭବନରେ କରୁଥାନ୍ତି ବିହାର ।।

୧୪

ବିଶାଳ ଜଘନୀ
ସୁନ୍ଦରୀ ରମଣୀ
   ମଧ୍ୟଭାଗେ ହୋଇଅଛି ଆନତା ।
ପୀନ ସ୍ତନଭାରେ
ଚାଲୁଥାଏ ଧୀରେ
   ପାଦ ପାତୁଥାଏ ହୋଇ ଲଜ୍ଜିତା ।
ଅନ୍ୟ କେହି ନାରୀ
ପରିତ୍ୟାଗ କରି
   ସୁରତ-କାଳର ସେ ପରିଧାନ
ଦିବସର ଲାଗି
ଯାହା ଉପଯୋଗୀ
   ପିନ୍ଧେ ସେହି ବସ୍ତ୍ର କରି ଯତନ ।।

୧୫

ନଖ କ୍ଷତ ଚିହ୍ନ ଉରଜ ଯୁଗଳେ
ସୂର୍ଯ୍ୟୋଦୟେ ବାମା ଦେଖଇ ପରା
ଅଧର ପଲ୍ଲବେ ଶତ ଦନ୍ତ କ୍ଷତ
ନିରେଖିଣ ସିଏ ହୁଏ ଅଧୀରା ।
ସୁରତ-କ୍ରୀଡ଼ାରେ
ସମଗ୍ର ଶରୀରେ
କ୍ଷତଚିହ୍ନ ଦେଖି ଖୁସୀ ଯେ ମନ
ପ୍ରଭାତର ବେଳେ
ତରୁଣୀ ସକଳେ
ପ୍ରସାଧନେ ହୋଇଥାନ୍ତି ମଗନ ।।

୧୬

ସୁସ୍ୱାଦୁ ଗୁଡ଼ର
ଇକ୍ଷୁ ବି ମଧୁର
ଶାଳିଧାନ ଥାଏ କେଦାରମାଳେ
ମନେ ନାରୀଙ୍କର
ସୁରତ-କ୍ରୀଡ଼ାର
ପ୍ରବଳ ବାସନା ଜାଗଇ ହେଳେ ।
ଗାଢ଼ ସନ୍ତାପରେ ଭରିଉଠେ ପରା
ବରହିଣୀଙ୍କର ପ୍ରାଣ ଲୋ ସହି !
ଏହି ଋତୁ ଏବେ ସଙ୍ଗେ ନେଇ ଆସୁ
ଶୁଭମଙ୍ଗଳ ଯେ ତୋହରି ପାଇଁ ।।

ଷଷ୍ଠ ସର୍ଗ
ବସନ୍ତ

୧

ଧରି ଯୋଦ୍ଧା ବେଶ
କରିଛି ପ୍ରବେଶ
ବସନ୍ତ ଋତୁ ତ ଦେଖ ଏଥର
ଆମ୍ରର ମୁକୁଳ
ଶାୟକ ସକଳ
ଧନୁର୍ଗୁଣ ତା'ର ଭୃଙ୍ଗ-ନିକର ।
ସୁରତ-ପ୍ରୟାସୀ
ଯୁବାଗଣ ଆସି
ଯୁବତୀଙ୍କ ସଙ୍ଗ ଲୋଡ଼ନ୍ତି ମନେ
ପୁଷ୍ପ ଶରକୁ ତ
ବିନ୍ଧଇ ବସନ୍ତ
ଦେଖ ପ୍ରିୟେ ! ଏବେ କାମୁକଜନେ ।।

୨

ବସନ୍ତ ଋତୁରେ
ଏବେ ଧରଣୀରେ
ତରୁଶାଖେ ଫୁଟେ ପୁଷ୍ପ ମୋହନ
ଜଳେ ଶୋଭେ ଆଜି
କମଳିନୀ ରାଜି
କାମାତୁରା ପରା କାମିନୀଗଣ।
ସୁଗନ୍ଧ ପବନ
ମୋହେ ମନ ପ୍ରାଣ
ସାୟଂକାଳ ସୁଖପ୍ରଦ ସଜନି !
ହୁଏ ରମଣୀୟ
ଦିବସ ସମୟ
ସୁନ୍ଦରତର ଯେ ଏବେ ଅବନୀ।।

୩

ଦିଶଇ ସୁନ୍ଦର
ସର୍ବ ସରୋବର
　　　　ମଣିମୟ ମେଖଳାରେ ରମଣୀ
ଫୁଲତରୁ ଦେହେ
ଭରି ହୋଇ ରହେ
　　　　ଚନ୍ଦ୍ର କିରଣରେ ହସେ ଧରଣୀ ।
ପୁଷ୍ପିତ ଯେ ଆଜି
ସହକାର ରାଜି
　　　　ପ୍ରତ୍ୟେକ ଦ୍ରବ୍ୟର ସୌଭାଗ୍ୟ ଆସେ
ସୌନ୍ଦର୍ଯ୍ୟ ବିଭବ
ହୁଅଇ ସମ୍ଭବ
　　　　ବସନ୍ତ ଋତୁର ମଧୁ ପରଶେ ।।

୪

ରମଣୀ ଶରୀରେ
ନିତମ୍ୱ ଦେଶରେ
       ଝୀନବାସ ଏବେ ରହିଥାଏ ତ
କୁସୁମ୍ଭ ରଂଗୀନ
କଟି ପରିଧାନ
       ଦିଶୁଥାଏ ବହୁ ରମଣୀୟ ତ।
ଥାନ୍ତି ଯେତେ ନାରୀ
ଅନିନ୍ଦ୍ୟା ସୁନ୍ଦରୀ
       ବସନ୍ତ ପରଶେ ଅତି ବିଭୋରା
କୁଙ୍କୁମ ରାଗରେ
ରଂଜିତ ବସ୍ତ୍ରରେ
       ଢାଙ୍କିଥାନ୍ତି କୁଚଯୁଗଳେ ପରା!!!

୫

ପୁଷ୍ପ କନିଅର
ଯେହ୍ନେ ଅଳଙ୍କାର
    ଶ୍ରୁତି ମଣ୍ଡଳକୁ କରେ ଆବୃତ
ଘନ କେଶଦାମ
ଦିଶେ ମନୋରମ
    ଅଶୋକ ଫୁଲରେ ହୋଇ ମଣ୍ଡିତ।
ନବ ମଲ୍ଲିକା ତ
ରହି ତା ସହିତ
    ବଢ଼ାଏ ଯେ ତା'ର ଶୋଭା ଅପାର
ମଧୁର ବସନ୍ତ
ମୋହନ ଛବି ତ
    ଦର୍ଶକର ମନ କରେ ବିଭୋର।।

୬

ଏବେ କାମାତୁରା
ଲଳନାଏ ପରା
        ସିତ ଚନ୍ଦନରେ କୁଚ ଚର୍ଚ୍ଚିତ
ସୁଢ଼ଳ ବାହୁରୋ
ବଳୟ କେୟୂରେ
        ଜଘନ ଶୋଭଇ ମେଖଳାରେ ତ।
ଚନ୍ଦ୍ରହାର ଶୋଭେ
ବାଳାଙ୍କ ନିତମ୍ବେ
        ସତେ ଅବା ତାହା କି ଶୋଭାଧାମ!
ସୁଷମା ତାଙ୍କର
ମନୋମୁଗ୍ଧକର
        ଅତନୁ ଏବେଳେ ହୁଏ ନିର୍ମମ।।

୭

ବାମାଙ୍କ ଶରୀରେ
ନାନା ପରକାରେ
ଆପାଦମସ୍ତକେ ଖେଳେ ମଦନ
ମଦିର-ନେତ୍ରରେ
ଚଞ୍ଚଳତା ଭରେ
କପୋଳ ପାଣ୍ଡୁର, କଠିନ ସ୍ତନ।
କଟିଦେଶଟି ତ
କ୍ଷୀଣ ଯେ ବହୁତ
ନାଭି ସୁଗଭୀର, ଜଘନ ସ୍ଥୂଳ
ସୁଦୀର୍ଘ ଯାମିନୀ
କଟାନ୍ତି କାମିନୀ
ପତିଙ୍କ ସୁରତେ ହୋଇଣ ଭୋଳ।।

୮

କନ୍ଦର୍ପ ପ୍ରଭାବେ
ରହିଥାନ୍ତି ଏବେ
ତନ୍ଦ୍ରାର ଆଳସ୍ୟେ ଯୋଷାମାନେ ତ
କରି ମଦ୍ୟପାନ
କହନ୍ତି ବଚନ
ଯାହା ଗଦ-ଗଦ ମଦ-ମିଶ୍ରିତ ।
ଦେଖ ପରିପାଟି
କୁଟିଳ ଭ୍ରୂକୁଟି
ଲଳନାଗଣଙ୍କ ନୟନ-ଠାଣି
ଏହି ରତୁରାଜ
ବସନ୍ତ ଯେ ଆଜ
ନାନା ରଂଗଭରେ ଅଙ୍ଗରେ ଆଣି ।।

୯

ରତି-କେଳି ରସେ
ରହିଛି ଆବେଶେ
ନାରୀଗଣଙ୍କର ମନ ସଜନି !
କ୍ଷୀଣ ତ ଶରୀର
ବର୍ଣ୍ଣ ଯେ ପାଣ୍ଡୁର
ଜୃମ୍ଭଣର ଫଳେ ହସ ଫୁଟେନା ।
ତନ୍ୱୀ ମାନଙ୍କର
କାୟାକୁ ଏଥର
ଶିଥିଳ ତ କରି ଦେଇଛି ମାର
ଲାଗଇ ଜୀବନ
ଏବେ ଅର୍ଥହୀନ
ମନ୍ଥର ହୋଇଛି ପ୍ରତାପେ ତା'ର ।।

୧୦

ମଦିର ନୟନ
ସୁକଠୋର ସ୍ତନ
କପୋଳ ହୋଇଛି ଏବେ ପାଣ୍ଡୁର
ଜଘନ ବିଶାଳ
ନିତମ୍ବ ପୃଥୁଳ
ନିମ୍ନ-ନାଭି ପରା ରମଣୀଙ୍କର ।
କାୟା ମଧ୍ୟଦେଶେ
କଟି କ୍ଷୀଣ ଦିଶେ
ଘଟେ ସବୁ ସ୍ମର ପ୍ରତାପ ଫଳେ
ହୁଏ ଏବେ ପ୍ରତେ
କନ୍ଦର୍ପ କି ସତେ
ଅଙ୍ଗେ ବିଦ୍ୟମାନ ଅନେକ ସ୍ଥଳେ ।।

୧୧

ଅସ୍ପଷ୍ଟ ବଚନ
ଦେଇଛି ମଦନ
ଆୟତ ଲୋଚନେ ଦୃଷ୍ଟି ଯେ ବଙ୍କା
ରମଣୀଙ୍କର ତ
ସମଗ୍ର ଦେହେ ତ
କାମନାର ଛବି ହୋଇଛି ଅଙ୍କା ।
ଆଉ ତା ସାଙ୍ଗରେ
ବିଶେଷ ଭାବରେ
ଚାଲେ କନ୍ଦର୍ପର ଲୀଳା ଅଶେଷ
ଜାଣି ରଖ ମିତ !
ଏ ନବ-ବସନ୍ତ
ଢାଳେ ଯୋଷା ଅଙ୍ଗେ ତନ୍ଦ୍ରାଅଳସ ।।

୧୨

ମଦାଳସୀ ମନ
ହୁଏ ଛନ ଛନ
ଶୟନକୁ ତେଜି ଆସଇ ତ୍ୱରା
କାଳୀୟକ, ଶ୍ୟାମା
କୁଙ୍କୁ ମାଖେ ରାମା
ମିଶାଇ ପ୍ରିୟଙ୍ଗୁରସରେ ପରା ।
ମୃଗନାଭି ମଦେ
ମୃଦୁଳ ସୁଗନ୍ଧେ
ହୋଇଥାଏ ସୁଶୀତଳ ଚନ୍ଦନ
ଗୌର ସ୍ତନଯୁଗେ
ଅତି ଅନୁରାଗେ
କରଇ ତ ତାହା ସେ ବିଲେପନ ।।

୧୩

ଏହି କାଳେ ମାର
ଭରିଛି ଅପାର-
ଆଳସ୍ୟ, ନାରୀଙ୍କ ଅଙ୍ଗରେ ପରା
ସ୍ଥୁଳ ବାସମାନ
କରନ୍ତି ବର୍ଜନ
ସୂକ୍ଷ୍ମ ବସ୍ତ୍ର ଆଣି ପିନ୍ଧନ୍ତି ତ୍ୱରା ।
ଲାକ୍ଷା ରସରେ ତ
ହୋଇଣ ରଂଜିତ
ରୁଚିର ଦିଶଇ ତାଙ୍କ ବସନ
କୃଷ୍ଣ ଅଗୁରୁର
ଧୂପେ ନିରନ୍ତର
ସୁବାସିତ ହୋଇ ହରଇ ମନ ।।

୧୪

ଚୂତ-ମଧୁ ପାନେ
ଅତି ଖୁସୀ ମନେ
ଚୁମେ ପରଭୃତ ପ୍ରିୟା ଆନନ
ରହି ପଦ୍ମକୋଳେ
ଭ୍ରମର ଏବେଳେ
ଭ୍ରମରୀକୁ କହେ ଚାଟୁ ବଚନ।
ପଶୁ, ପକ୍ଷୀ, ନର
ସର୍ବେ କାମାତୁର
ଏ ବସନ୍ତ କାଳେ ଆଗୋ ସଜନି !
ପ୍ରଣୟ-ପିଆସୀ
ପ୍ରିୟା ପାଶେ ଆସି
ପ୍ରେମିକ ଦିଅନ୍ତି ପ୍ରେମ ବଖାଣି।।

୧୫

ତାମ୍ର ରଂଗମୟ
ନବ କିଶଳୟ
ନତ କରେ ଆମ୍ର ପାଦପରାଜି
ଶାଖାରେ ମୁକୁଳ
ଦିଶଇ ମଞ୍ଜୁଳ
ବୃକ୍ଷଗୁଡ଼ିକ ତ ଉଷତ ଆଜି ।
କଂପଇ ରସାଳ-
ବିଟପୀ ବିଶାଳ
ନମ୍ର ସମୀରଣ ହିଲ୍ଲେଳେ ପରା
ଯୋଷାଙ୍କର ଚିତ୍ତ
ହୁଏ ଉତ୍କଣ୍ଠିତ
ଦେଖି କରି ଏହି ଶୋଭାପସରା ।।

୧୬

ପ୍ରବାଳର ପରି
ରକ୍ତରଂଗ ଭରି
ଶୋଭନୀୟ ଦିଶେ ତରୁ ଅଶୋକ
ପଲ୍ଲବ ସହିତ
ବୃକ୍ଷ ବିମଣ୍ଡିତ
ଜନମନେ ଭରେ ହର୍ଷ ଅନେକ।
ମୂଳୁ ଚୂଳ ଯାଏଁ
ପୁଷ୍ପ ରହିଥାଏ
ଦେଖନ୍ତି ଯୁବତୀଗଣ ସେ ଶୋଭା
ପ୍ରିୟ ବିରହରେ
ଦୁଃଖିତା ଅନ୍ତରେ
ଥାନ୍ତି ବିରହିଣୀ ନିଶୀଥ, ଦିବା।।

୧୭

ହୋଇ ଆତ୍ମହରା
ପୁଷ୍ପଦଳେ ପରା
ଦିଅନ୍ତି ଚୁମ୍ବନ ଭ୍ରମରମାନେ
ନବୀନ କୋମଳ
କିଶଳୟ ଦଳ
ବୃକ୍ଷରେ ଦୋଳନ୍ତି ମୃଦୁ ପବନେ ।
ଏ ଦୃଶ୍ୟେ ସତରେ
କାମବୃତ୍ତି ଘାରେ
ଅସ୍ଥିରା ହୁଅନ୍ତି ଲଳନାଗଣ
କାମୀଙ୍କ ମାନସେ
ଉତ୍ତେଜନା ଆସେ
ଯେଣୁ ପେଷେ ମାର ତା' ପୁଷ୍ପବାଣ ।।

୧୮

କୁରୁବକେ ପୁଣି
ଢାଳ ଲୋ ଚାହାଣି
ଦେଖ ଦେଖ ତା'ର ଅପୂର୍ବ ରୂପ
ତା'ର ସୁଷମା ତ
ଦର୍ଶକ ମନେ ତ
ଆଣିଦିଏ ଉନ୍ମାଦନା ଅମାପ ।
ତାହାର ମଞ୍ଜରୀ
କାନ୍ତା ମୁଖ ପରି
ଦିଶଇ ଏବେ ତ ଅତି ସୁନ୍ଦର
ସେହି ଶୋଭା ଦେଖି
ନ ହେବ କାହିଁକି
ପୁରୁଷ ମନରେ କାମ ସଞ୍ଚାର ? ।।

୧୯

ଫୁଲ ଭାରରେ ତ
ହୁଅଇ ଆନତ
ସମୀରଣେ ତରୁ ଦୋହଲୁ ଥାଇ
ପ୍ରଦୀପ୍ତ ଅନଳ
ସମ ତ ଉଜ୍ଜ୍ୱଳ
ଅମ୍ବର ଦିଶଇ ଏବେ ଲୋ ସହି !
ପଳାଶର ବନ
କରେ ପିରଧାନ
ରକ୍ତ-ବାସ ନବ ବଧୂଟି ପରି
ବସନ୍ତ ଋତୁର
ଶୋଭା ମନୋହର
ଅସମ୍ଭବ ତା'ର ବର୍ଣ୍ଣନା ଗୋରି !।।

୨୦

ହୁଏ ଅଣାୟତ
ଯୁବାଙ୍କ ମନ ତ
କିଂଶୁକ କୁସୁମ ନିରେଖି କରି
ଶୁକ ଚଞ୍ଚୁ ସମ
ଥାଏ ଯେ ରକ୍ତିମ
ତାଙ୍କ ହୃଦୟକୁ ଦିଏ ତ ଚିରି ।
ଦିଏ କର୍ଣ୍ଣକାର
ପୀଡ଼ା ଦହନର
ଦଗ୍ଧ ହୋଇଥାଏ ଆଶା ମନର
କୋକିଳ କୂଜନ
ମୋହେନି ତ ମନ
ଲାଗେ ଯେହ୍ନେ ମୃତ ପରେ ପ୍ରହାର ।।

୨୧

ସଖି ! କୋକିଳର
କୁହୁ କୁହୁ ସ୍ୱର
ଉନ୍ମତ୍ତ ଭ୍ରମର ମଧୁ ଗୁଂଜନ
କର୍ଣ୍ଣେ ଶୁଣି ପରା
ହୋଇଣ କାତରା
ରହିଥାନ୍ତି ଏବେ ବନିତାଗଣ ।
ଦିଏ କଷ୍ଟ ଘୋର
ତାପ ଅନଙ୍ଗର
କରନ୍ତି ଶିଥିଳ ନୀବୀ ବନ୍ଧନେ
ମନେ କରି ଚିନ୍ତା
ବଢ଼େ ବ୍ୟାକୁଳତା
ସ୍ୱଭାବେ ତ ଲଜ୍ଜାଶୀଳା ସେମାନେ ।।

୨୨

ନିଶାକାଳରେ ତ
ନୀହାର-ପାତ ତ
  ହୁଏ ନାହିଁ ଆଉ ଏବେ ସଜନି !
ବାତ ଚିତ୍ତହରା
ଚଉଦିଗେ ପରା
  ଖେଳୁଥାଏ ପିକ କୂଜନ ଧ୍ୱନି ।
ସହକାରେ ଶାଖା
  ଭରି ହୋଇଥାଏ
    କେତେ ମୁକୁଳେ
ମୁକୁଳ ସହିତ
  କଂପି ଉଠେ ଶାଖା
    ମୃଦୁ ହଲ୍ଲୋଳେ ।
ଦୃଶ୍ୟ ମନୋହର
ନାହିଁ ପଟାନ୍ତର
  ପାଗଳ କରଇ ପୁରୁଷେ ସେ ତ
ମଦନର ଶରେ
ଆହତ ଯେ ନରେ
  ଧୈର୍ଯ୍ୟହରା ହୋଇଥାନ୍ତି ସତତ ।।

୨୩

ବିଳାସିନୀ ନାରୀ
ହସ ଯେଉଁପରି
    କୁନ୍ଦଫୁଲ ହସେ ଉପବନରେ
ଅନୁରାଗହୀନ
ମୁନିଙ୍କର ମନ
    ସେ ଦୃଶ୍ୟ କ୍ଷଣକେ ହରଣ କରେ ।
ବାସନା-ବ୍ୟାକୁଳ
ଯୁବାଏ ସକଳ
    ଆଗୁ ହୋଇଛନ୍ତି ଆକର୍ଷିତ ତ
ବସନ୍ତର ଏହି
ମଧୁମାସ ସହି !
    ଆନନ୍ଦିତ କରେ ସର୍ବେ ନିରତ ।।

୨୪

କନକ ନିର୍ମିତ
ମେଖଳା ଏବେ ତ
      ଶୋଭା ପାଉଥାଏ କଟିଦେଶରେ
କୁଚ ମଣ୍ଡଳର
ଦୃଶ୍ୟ ମନୋହର
      ସାଜେ ମୁକ୍ତାହାର ସେହି ସ୍ଥାନରେ ।
ଅନଙ୍ଗ ତାପରେ
ଶିଥିଳ ଶରୀରେ
      ରହେ ବାଳା ଆନମନା ଏବେଳେ
କାନ୍ତାର ହୃଦୟ
ହୁଏ ଯେ ଅଥୟ
      ତା'ମନ ଟାଣଇ ପ୍ରିୟା ସବଳେ ।।

୨୫

ଦେଖ, ଦେଖ ସହି !
ଶଇଳକୁ ଚାହିଁ
ଦ୍ରୁମେ ରହିଅଛି ପୁଷ୍ପ ସମ୍ଭାର
ଏବେ ପରଭୃତ
କଳକାକଳି ତ
ସାନୁଦେଶ କରୁଅଛି ମୁଖର ।
ମନକୁ ଯେ ମୋହେ
ପ୍ରାନ୍ତଭାଗେ ଶୋହେ
ପ୍ରଫୁଲ୍ଲ ସୁମନ ଭଣ୍ଡାର ସାରା
ଦେଖି ସେ ପର୍ବତେ
ସର୍ବଜନ ଚିତ୍ତେ
ଅପାର ଆନନ୍ଦ ଜାଗଇ ପରା ! । ।

୨୬

ବିଚ୍ଛେଦ ବେଦନା
ସହି ତ ପାରେନା
              ବିରହୀ ପଥିକ ଏବେ ସଜନି !
ହୁଅଇ କାତର
ହୃଦୟ ତାହାର
              କୁସୁମିତ ସହକାରେ ଚାହେଁନି ।
ଆଖି ବୁଜିଦିଏ
କାନ୍ଦି ଉଠୁଥାଏ
              ସହି ନ ପାରିଣ ମଦିର ଗନ୍ଧ
ନାସାର ଉପରେ
ହାତ ନେଇ ଧୀରେ
              କରଇ ତ ସିଏ ନାସିକା-ରୋଧ ।।

୨୭

ମଧୁପ ଗୁଂଜନ
କୋକିଳ କୂଜନ
ନାରୀର ମନକୁ ଏବେଳେ ଘାରେ
କର୍ଣ୍ଣିକା କୁସୁମ
ଶାୟକର ସମ
ମାନିନୀର ହୃଦ ବିନ୍ଧ ଯେ କରେ।
ମାର ମାତି ଥାଏ
ମଧୁମାସେ ପ୍ରିୟେ !
ବସନ୍ତ କରଇ ବଜ୍ର-ପ୍ରହାର
ଅଭିମାନ ଯେତେ
ଲୋପପାଏ ସତେ
ଭାଙ୍ଗିଯାଏ ମନ ଟାଣ ତାହାର।।

୨୮

ଆଗୋ ସହଚରି !
ଆମ୍ର ମଞ୍ଜରୀ
ଅଟଇ ଯାହାର ସୁତୀକ୍ଷ୍ଣ ଶର
ଅତି ମନୋରମ
ପଳାଶ-କୁସୁମ
ହୋଇଥାଏ ପରା ଧନୁ ଯାହାର;
ପଂକ୍ତି ଭ୍ରମରର
ଧନୁର୍ଗଣ ଯା'ର
ନିର୍ମଳ ଚନ୍ଦ୍ରମା ଶ୍ୱେତ-ଛତ୍ର ତ
ଯାହାର ମଳୟ
ମତ୍ତ ହସ୍ତୀ ପ୍ରାୟ
ସ୍ତୁତିପାଠ କରେ ଯେଉଁ ପରଭୃତ ।
ଏହି ପରି ପରା କରିଥାଏ ଯିଏ ବିଶ୍ୱକୁ ଜୟ
ତାହାର ବାନ୍ଧବ ଅଟେ ମଦନ
କରୁ ସେ ତୁମକୁ ସୁଖ ପ୍ରଦାନ
ବସନ୍ତ ଋତୁ ଯେ ହେଉ ତୁମ ଲାଗି ମଙ୍ଗଳମୟ ।।

ଅନ୍ୟାନ୍ୟ ପଦ୍ୟାବଳୀ
(କିଛି କିଛି ସଂକଳନର ଏହି ପଦାବଳୀକୁ ନିଆଯାଇଛି)

ବର୍ଷା

୧

ବର୍ଷା ହେଉଥାଏ
ନଦୀ ବହିଯାଏ
ମାତଙ୍ଗେ କରନ୍ତି ଘୋର ନିନାଦ
ବନାନୀ-ପ୍ରାନ୍ତ ତ
ରମ୍ୟ ଯେ ବହୁତ
ବର୍ଷା ଆଗମେ ହୁଅନ୍ତି, ଉନ୍ମାଦ।
ପତିଙ୍କ ପ୍ରବାସେ
ନାରୀଏ ବିରକ୍ଷେ
କରୁଥାନ୍ତି ପରା ଏବେ କ୍ରନ୍ଦନ
ନିରେଖି ଜୀମୂତେ
ଅତି ହର୍ଷ ଚିତ୍ତେ
କଳାପୀଏ କରୁଥାନ୍ତି ନର୍ତ୍ତନ।
ଆଶ୍ରୟ ନିଅନ୍ତି ମିଳିଗଲେ ସ୍ଥାନ ବାରନ ଯୂଥ
ବର୍ଷଣମୁଖର ହୋଇଯାଏ ମେଘ ଅନବରତ।।

ଶରତ

୧

ସୌଭାଗ୍ୟବତୀ ସେ
ଶରଦଲକ୍ଷ୍ମୀ ସେ
ରଖେ ଚନ୍ଦ୍ର-ଶୋଭା ନାରୀ ମୁଖେ ତ
ତାଙ୍କ ମଣିମୟ
ନୂପୁର ନିଚୟ
ହଂସଧ୍ୱନିକୁ ଯେ କରେ ପ୍ରକଟ ।
ସୁନ୍ଦର ଅଧର
ବନ୍ଧୁଲି ଫୁଲର
କାନ୍ତି ରଖି କ୍ରମେ ପଳାଇଯାଏ
ଶରତ ଋତୁର
ପ୍ରଭାବ ନିକର
ନାରୀଏ ମନରେ ସର୍ବଦା ଥାଏ ।।

୨

ପଦ୍ମଫୁଲ ସମ
ମୁଖ ଅନୁପମ
ପ୍ରସ୍ଫୁଟିତ ନୀଳୋତ୍ପଳ ନୟନ
ଯେହ୍ନେ କାଶଫୁଲ
ସେମିତି ଉତ୍‌ଫୁଲ
ଶ୍ୱେତ ବସ୍ତ୍ର ପରା ତା' ପରିଧାନ ।
ଶୁଭ୍ର କୁମୁଦ ତ
ତାହାର ହସ ତ
ସେ ଶରଦ-ଲକ୍ଷ୍ମୀ ଆସେ ସତରେ
ଯୌବନ-ଉନ୍ମନା
ଏବେ ସେ ଲଳନା
ପ୍ରୀତିକୁ ଜଗାଉ ତୁମ ମନରେ ।।

ହେମନ୍ତ

୧

ବହୁଗୁଣେ ଯୁକ୍ତ
ଏ ଋତୁ ହେମନ୍ତ
ଦିଶଇ ବହୁତ ମନୋହର ତ
ଗ୍ରାମେ କ୍ଷେତମାନ
ପକ୍ୱଧାନେ ପୂର୍ଣ୍ଣ
ହରିନିଏ ତାହା ନାରୀଙ୍କ ଚିତ୍ତ ।
ଗେଣ୍ଡାଳିଆଙ୍କର
ରବେ ଅନିବାର
ନିନାଦିତ ଚତୁର୍ଦ୍ଦିଗ ଏଥର
ଶୁଣ ଆଗୋ ମିତ !
ଏପରି ହେମନ୍ତ
ସୁଖ ସଂପାଦନ କରୁ ତୁମର ।।

ବସନ୍ତ

୧

ଅଳ୍ପ ପରିମାଣ
ତୁଷାର ପଡ଼ିଣ
ହର୍ମ୍ମତଳ ହେଲା ଶୀତଳତର
ରମଣୀଗଣ ତ
ଚଂପକ ପୁଷ୍ପେ ତ
ସୁବାସିତ କଲେ ଶିର ତାଙ୍କର।
ଗୁନ୍ଥି ପୁଷ୍ପରାଶି
ତରୁଣୀଏ ହସି
ମଣ୍ଡଳ କରନ୍ତି ସ୍ତନ ଯୁଗଳ
କିବା ମନୋହର
ଶୋଭା ନାରୀଙ୍କର
ଦର୍ଶନକାରୀକୁ କରେ ବିହ୍ୱଳ।

୨

ଆମ୍ର ତରୁମାନ
ଦିଶେ ସୁଶୋଭନ
କୁସୁମିତ ହୋଇ କରି ଏଥର
ମଳୟ ବହିଲେ
ସହକାର ଦୋଳେ
ଝରେ ସ୍ୱର୍ଣ୍ଣକାନ୍ତି ଚୂତ ସମ୍ଭାର ।
ପ୍ରବାସୀ ତ ଆଜି
ଦେଖେ ଦୃଶ୍ୟରାଜି
କ୍ଷୀଣ ହୋଇଲେ ବି ତା କଳେବର
ମଦନ ଶରେ ତ
ହୋଇଣ ଆହତ
ମନେ ଚିନ୍ତୁଥାଏ ପ୍ରିୟାକୁ ତା'ର ।।

୩

କୂଜନେ ପିକର
କାମିନୀ କୁଳର
ବଚନମାଧୁରୀ ଶୋଭା ସତରେ
କୁଳପୁଷ୍ପ ବତ
ଦଶନ-ପ୍ରଭା ତ
ଦିଶେ ଯେବେ ଫୁଟେ ହସ ମୁଖରେ ।
ପ୍ରବାଳ ସନ୍ନିଭ
ନବୀନ ପଲ୍ଲବ
କରେ ଉପହାସ କରତଳେ ତ
ଏ ବସନ୍ତ କାଳ
ପରିହାସ ବେଳ
ଭଲଭାବେ ତାକୁ ଚିହ୍ନି ନିଅ ତ ।।

୪

ବିକଚ କନକ
କମଳ-ଝଲକ
	ପାଣ୍ଡୁର-ବଦନ-ଶୋଭା ଏବେଳେ
କୁଚ ଯୁଗଳ ତ
ଚନ୍ଦନ-ଚର୍ଚ୍ଚିତ
	ହାର ଶୋଭାପାଏ ସ୍ତନମଣ୍ଡଳେ ।
ମଦନ ଜନିତ
ତାଙ୍କ ଦୃଷ୍ଟିପାତ
	ମୁନିଗଣେ କରେ ପ୍ରେମରେ ବାଇ
ବସନ୍ତ ସମୟ
ତୁମର ହୃଦୟ
	ଆନନ୍ଦିତ ସଦା କରୁ ଲୋ ସହି ! ।।

୫

ରମଣଗଣର
ଗନ୍ଧ ସୁମଧୁର
   ଝଲି ଉଠୁଥାଏ ମୁଖପଦ୍ମ ତ
ଲୋଧ୍ର ପୁଷ୍ପପରି
ରକ୍ତବର୍ଣ୍ଣ ଧରି
   ନୟନ ଯୁଗଳ ଥାଏ ନିରତ।
ଗୁରୁ ନିତମ୍ବ ଯେ
କୁଚଯୁଗ ସାଜେ-
   ନାରୀ, ଯୌବନର ଉପଚାରରେ
କୁରୁବକରେ ତ
କେଶ ଯେ ବେଷ୍ଟିତ
   କାମୋଦ୍ଦୀପକ କି ନୁହେଁ ସତରେ ?।।

୬

ଚୂତ-ମୁକୁଳର
ସ୍ନିଗ୍ଧ ସୁରଭିର
ସୁଗନ୍ଧକୁ ନେଇଯାଏ ପବନ
ଶ୍ରୁତି-ସୁଖକର
ଶବ୍ଦ ନିରନ୍ତର
ଆଣେ ନାରୀଙ୍କର ହୃଦେ କଂପନ ।
ପିକ କୁହୁ ସ୍ୱରେ
ଦିଗ ଦିଗନ୍ତରେ
କରେ ଉଚ୍ଛ୍ୱସିତ ପୁଲକରେ ତ
ସଂଯତ ରମଣୀ
ମନ ହୁଏ ପୁଣି
ଅଭିନବ ଦୃଶ୍ୟେ ଅତି ଚକିତ ।।

୭

ନିଶୀଥ ଆକାଶେ
ସୁଧାକର ହସେ
      ପ୍ରଦୋଷ ଯେ ରମଣୀୟ ବହୁତ
ସୁରଭି ପବନ,
କୋକିଳ କୂଜନ
      ଭ୍ରମର ନିସ୍ୱନ ମନେ ମୋହେ ତ।
ଏବେ ଯେ ନିଶୀଥେ
ନାରୀମାନେ ଯେତେ
      ବିତାନ୍ତି ସମୟ ମଦ୍ୟପାନରେ
ଏହି ରତୁରେ ତ
ମଦନ ଜାଗ୍ରତ
      କାମ-ଭାବ ସୃଷ୍ଟି କରେ ଅନ୍ତରେ।।

୮

ଏହି ମଧୁମାସେ
ସୁବାସ ବରଷେ
  ଦିବସ କାଳ ଯେ ବିମଳ ଅତି
ରଜନୀ ସମୟେ
ଚନ୍ଦ୍ରର ଉଦୟେ
  ଜୋଛନା ଜଗାଏ ଅନ୍ତରେ ପ୍ରୀତି
ସ୍ନିଗ୍ଧ ସୁଶୀତଳ
ଏବେ ହର୍ମ୍ୟତଳ
  ଯାଆନ୍ତି ଯୋଷାଏ ଶଯ୍ୟା ଗୃହରେ
କାମାବେଶ ଫଳେ
ଦୟିତା ସକଳେ
  ଧରନ୍ତି ପତ୍ନୀଙ୍କୁ ଆଲିଙ୍ଗନରେ।

ଅନ୍ତର୍ବେଶନ ପଦାବଳୀ

(INTERPOLATED VERSES)

କିଛି କିଛି ସଂକଳନରେ ବସନ୍ତ ଋତୁ ଉପରେ ଲଖିତ ଏହି ପଦଗୁଡ଼ିକ ଦେଖିବାକୁ ମିଳେନି । ସେଥିପାଇଁ ବହୁ ଗବେଷକ ଏଗୁଡ଼ିକୁ ଅନ୍ତର୍ବେଶନ (interpolated) କହି କରି ସଂକଳନରୁ ବାଦ୍ ଦେଇଛନ୍ତି । ଅନ୍ୟ ପକ୍ଷରେ ଆଉ କେତେ ଗବେଷକ ଏହି ପଦାବଳୀର କାବ୍ୟିକ ମାଧୁର୍ଯ୍ୟକୁ ଅନାଦର ନକରି ଏଗୁଡ଼ିକ ମଧ୍ୟ କାଳିଦାସଙ୍କ ଦ୍ୱାରା ରଚନା କରାଯାଇଥିବାର ମତ ଦେଇଛନ୍ତି ଏବଂ ସଂକଳନରେ ସ୍ଥାନ ମଧ୍ୟ ପ୍ରାପ୍ତ କରାଇଛନ୍ତି ।

ବସନ୍ତ

୧

ଚାହିଁ ଦେଲେ ଥରେ
ତୁଙ୍ଗ ଶଇଳରେ
          ଜନମନେ ପରା ଆନନ୍ଦ ଆସେ
ଦ୍ରୁମେ ଅଛି ଭରି
ଚୂଡ଼ା ଯେ ତାହାରି
          ସାନ୍ଦ୍ର ସବୁଜିମା ସୁନ୍ଦର ଦିଶେ ।
ନାନା ପ୍ରକାରର
କୁସୁମ ସମ୍ଭାର
          ସାନୁଦେଶ କରିଅଛି ସଜ୍ଜିତ
ତା'ର ଶିଳାତଳେ
ରହିଛି ଏବେଳେ
          ଯୁକ୍ତ ହୋଇକରି ଶିଳାଜିତ ତ ।।

୨

ଏକାକୀ ଭାବେ ତ
ପଥିକ ଚାଲେ ତ
　　　　ଦେଖେ ସହକାରେ ଚୂତ ସମ୍ଭାର
ସେତେବେଳେ ସିଏ
ଚକ୍ଷୁ ବୁଜି ଦିଏ
　　　　କାନ୍ଦି ଉଠଇ ଯେ ହୃଦୟ ତା'ର ।
ହୁଏ ଆନମନା
ହଜାଏ ଚେତନା
　　　　ହସ୍ତ ରଖିଥାଏ ନାସିକା ପରେ
ତା ଚିତ୍କାରେ ପରା
କଂପି ଉଠେ ଧରା
　　　　କାନ୍ତାର ବିଚ୍ଛେଦ ମନକୁ ଘାରେ ।।

୩

ଏବେ ମଦମତ୍ତ
ଭ୍ରମରଙ୍କ ଯୂଥ
କୁହୁ କୁହୁ ସ୍ୱନେ ଗାଏ କୋକିଳ
ସହକାର ପରା
ମୁକୁଳରେ ଭରା
କର୍ଣ୍ଣିକାର ଦିଶେ ଅତି ମଞ୍ଜୁଳ।
ସତେ ବା କାମର
ତାହା ତୀକ୍ଷ୍ଣଶର
ନିକ୍ଷେପନ୍ତି ପରା ଅତନୁ ନେଇ
ମନ ମାନିନୀର
କଂପେ ବାରମ୍ବାର
କାମ-ଉଦ୍ଦୀପନା ଫଳେ ଲୋ ସହି!।।

୪

କନକ କାନ୍ତିର
କଳିକା ନିକର
      ତରୁଚ୍ୟୁତ ହୋଇ ପଡ଼େ ମାର୍ଗରେ
ଚୂତର ମଞ୍ଜରୀ
ସହକାରେ ଭରି
      କଂପି ଉଠୁଥାଏ ବାତାଘାତରେ।
ଯେବେ ତାହା ଦେଖେ
ଗୃହ ଅଭିମୁଖେ
      ଚାଲୁଥିବା କେହି ପଥିକଟିଏ
କ୍ଷୀଣ କଳେବର
ଥାଏ ଯେ ତାହାର
      କାମ-ବାଣେ ପରା ମୂର୍ଚ୍ଛିତ ହୁଏ।।

୫

ଏବେ କୋକିଳର
ଆଳାପ ମଧୁର
ଖେଳି ବୁଲୁଥାଏ ଚଉଦିଗେ ତ
ତେଣୁ ମଧୁମାସ
କରେ ଉପହାସ
କାମିନୀମାନଙ୍କ ବଚନକୁ ତ ।
କୁଳପୁଷ୍ପ ସମ
ଦିଶେ ମନୋରମ
ରଦନ ପଂକ୍ତି ତ ରମଣୀଙ୍କର
ଏ ମଧୁ ମାସରେ
ନବ ପଲ୍ଲବରେ
ଝଲସଇ କାନ୍ତି ଯେ ପ୍ରବାଳର ।

୬

ଏବେ ନାରୀମାନେ
କାମଭାବ ଦାନେ
କରନ୍ତି ମୁନିଙ୍କ ମନ ବ୍ୟାକୁଳ
କନକ-କମଳ-
କାନ୍ତି ସହ ମେଳ
ଖାଉଥାଏ ପରା ଶ୍ୱେତ କପୋଳ।
ଲଗାଇ ଚନ୍ଦନ
ଦିଶଇ ଶୋଭନ
ସିକ୍ତ ଥାଏ ତାଙ୍କ କୁଚ-ଅଗ୍ର ତ
ନିଶାରେ ବିକୃତ
ରହନ୍ତି ସତତ
ସ୍ତନ ମଣ୍ଡଳରେ ଶୋଭେ ହାର ତ॥

୭

ମୁଖ-କମଳ ତ
ମଦ୍ୟ ସୁରଭିତ
ଲୋଧ୍ର ପୁଷ୍ପପରି ନେତ୍ର ରକ୍ତିମ
ଦିଶଇ ଲୋ ସଖି !
କେଶପାଶେ ରଖି
ନବ କୁରୁବକ କି ମନୋରମ !।
ଗୁରୁ କୁଚ, ପୁଣି
ତା'ର ଘନ ଶ୍ରୋଣି
ଦେଖି କାହା ମନ ଥୟ ଧରିବ ?
ଏମିତି ସତରେ
କେ ଅଛି ମହୀରେ
ମଦନ-ଜ୍ୱାଳାକୁ ସହି ପାରିବ ?।।

୮

ବିକଶିତ ଚୂତ
ମୃଦୁଳ ମରୁତ
        କଂପାଏ ହୃଦୟ ଲଳନାଙ୍କର
ତାହାର ସୁଗନ୍ଧ
ବହେ ମନ୍ଦ ମନ୍ଦ
        ଧରଣୀ କୋଳରେ ଲଭେ ବିସ୍ତାର।
ହୋଇ ମଦମତ୍ତ
ଏବେ ପରଭୃତ
        ଶୁଣାଉଛି ତା'ର କହୁ ନିସ୍ୱନ
ଭ୍ରମରଙ୍କ ଦଳ
ହୋଇ ମେଳ ମେଳ
        ଢାଳୁଛନ୍ତି ପରା ମଧୁଗୁଂଜନ।।

୯

ଅତି ରମଣୀୟ
ପ୍ରଦୋଷ ସମୟ
ପ୍ରୀତିକର ଲାଗେ ଚନ୍ଦ୍ର କିରଣ
ମଧୁର ସ୍ୱରରେ
ପାଦପ-ଶାଖାରେ
ପୁରୁଷ କୋକିଳ କରେ ଗାୟନ ।
ସୁଗନ୍ଧିତ ବନ
ମତ୍ତ ଭୃଙ୍ଗଗଣ
ଗୁଞ୍ଜନ ତାଙ୍କର ମଧୁର ଅତି
କୁସୁମର ଶର
ମାରିଥାଏ ମାର
ସୁରାପାନେ ନିଶି ଯାଏ ତ ବିତି ।।

୧୦

ଦିବସ କାଳରେ
ଯେଣୁ ରବିକରେ
      ତପ୍ତ ହୋଇଥାଏ ପ୍ରାଣୀଙ୍କ କାୟା ।
ଆକୁଳ ହୋଇଣ
ସର୍ବ ପ୍ରାଣୀଗଣ
      ଖୋଜିଥାନ୍ତି ତେଣୁ ବୃକ୍ଷର ଛାୟା ।
ଆସେ ଯେତେବେଳେ
ଧରଣୀର କୋଳେ
      ରଜନୀ ସମୟେ ଜୋଛନା ଧାରା
ଶୀତଳ ସୌଧର
ଚଢ଼ିଣ ଶିଖର
      ଶୁଅନ୍ତି କାନ୍ତାଙ୍କ ଆଶ୍ଳେଷେ ପରା ।

୧୧

ପ୍ରବାସୀ ଜନର
ପ୍ରିୟାର ଅନ୍ତର
ଆଲୋଡ଼ିତ ହୁଏ ସନ୍ତାପରେ ତ
ସେବେଳେ ଭ୍ରମର
ପୁଣି କୋକିଳର
ଗୁଂଜନ କରଇ ବ୍ୟଗ୍ର ବହୁତ ।
ଅତୀବ ରୁଚିର
ପୁଷ୍ପର ସମ୍ଭାର
ଦିଶଇ ସାକ୍ଷାତ କନ୍ଦର୍ପ ପରି
ଏ ଋତୁ ବସନ୍ତ
ପର୍ଯ୍ୟାପ୍ତ ସୁଖ ତ
ପ୍ରଦାନ କରୁ ଯେ ତୁମକୁ ଗୋରି ! ।।

୧୨

ଏହି ମଧୁ ମାସେ
କୁସୁମ ବରଷେ
ସୁବାସ ସଞ୍ଚରେ ଚଉଦିଗରେ
ବହେ ହୋଇ ଧୀର
ଶୀତଳ ସମୀର
ଆନନ୍ଦ ଯୋଗାଉ ତୁମ ଅନ୍ତରେ ।
ମୁକୁଳ ଆମ୍ରର
ଅତି ମୁଗ୍ଧକର
ସୁଗନ୍ଧରେ ଭରୁ ଜନଙ୍କ ଚିତ୍ତ
ବସନ୍ତ ଋତୁର
ହର୍ମ୍ମ୍ୟର ଶିଖର
କାମିନୀର ସଙ୍ଗ-ଯୋଗ୍ୟ ଏବେ ତ ।।

୧୩

ପୁଷ୍ପାଗମ ପ୍ରିୟେ !
କଳ୍ପାନ୍ତର ଯାଏ
କରୁ ତ ତୁମର ଶୁଭ-ବିଧାନ
ଜାଣି ରଖ ମିତ !
ଅଧର-ମଧୁ ତ
ଅଟେ ପରା ରକ୍ତାଶୋକ ସମାନ।
ମତ୍ତ ଭ୍ରମରର
ସ୍ୱନ ସୁମଧୁର
କୁନ୍ଦ-କଳି ପରି ଶ୍ୱେତ ରଦନ
ଜଳେ ଢ଼ଳ ଢ଼ଳ
ବିକଚ କମଳ
ପରାଏ ଯେମିତି ତା'ର ବଦନ।
ଏହି ସମୟରେ
ଆମ୍ର ମଞ୍ଜରୀରେ
ସୁଗନ୍ଧିତ ହୋଇଥାଏ ସମୀର
ଋତୁ ସମ୍ରାଟ ତ
ଶୃଙ୍ଗାର ଗୁରୁ ତ
ନିଶ୍ଚିତ ଭାବରେ ଜାଣ ଏଥର।।

୧୪

ଆମ୍ରର ମଞ୍ଜରୀ
ତୀକ୍ଷ୍ଣ ଶର ପରି
ସୁଚାରୁ କିଂଶୁକ ଧନୁ ତାହାର
ଭ୍ରମରଙ୍କ ଯୂଥ
ଧନୁର ଗୁଣ ତ
ଶ୍ୱେତ-ଛତ୍ର ତା'ର ଯେ ସୁଧାକର ।
ମଳୟ ମରୁତ
ମତ୍ତ ମାତଙ୍ଗ ତ
କୋକିଳ ତାହାର ସ୍ତୁତି-ଚାରଣ
କରୁ ଏ ବସନ୍ତ
ସଦାକ୍ଲେଶ ମୁକ୍ତ
କରୁ ସୁଖପ୍ରଦ ତୁମ ଜୀବନ ।।

BLACK EAGLE BOOKS

www.blackeaglebooks.org
info@blackeaglebooks.org

Black Eagle Books, an independent publisher, was founded as a nonprofit organization in April, 2019. It is our mission to connect and engage the Indian diaspora and the world at large with the best of works of world literature published on a collaborative platform, with special emphasis on foregrounding Contemporary Classics and New Writing.

www.ingramcontent.com/pod-product-compliance
Lightning Source LLC
Chambersburg PA
CBHW060604080526
44585CB00013B/679